Diana Isabel Pérez Montiel

I0471576

Un Mundo Creado
Un Mundo Vivido
Un Mundo Necesario

Windmills Edition
California - USA

Un Mundo Creado, Un Mundo Vivido, Un Mundo Necesario

Autor: Diana Isabel Pérez Montiel

Writing: 2011

Edition Copyright 2011: Diana Isabel Pérez Montiel

Dirección General y Diseño de Portada: Cesar Leo Marcus

Windmills International Editions Inc.

www.windmillsedition.com

windmills@windmillsweb.com

ISBN 978-1-257-05144-1

Un Mundo Creado

Un Mundo Vivido

Un Mundo Necesario

Diana Isabel

Pérez Montiel

Windmills International Editions Inc.

California - USA – 2012

Diana Isabel Pérez Montiel

Nace en Maracaibo, Estado Zulia, Venezuela, el 12 de julio de 1959

Obtiene el titulo de Socióloga en el año 1985, en la Universidad del Zulia y, en el año 1993 el de Magister en Planificación y Gerencia de Ciencia y Tecnología.

Se ha desempeñado como asistente de investigación social y como colaboradora en estudios de impacto ambiental.

Ha participado como asistente o ponente en numerosos cursos y talleres en diferentes instituciones u organismos y, desempeñado como coordinadora de investigación en algunas de ellas.

Su experiencia como docente ha sido en distintas instituciones de educación superior desde el año 1987 en las unidades curriculares de: Sociología, Sociología de la Educación, Sociología de la Comunicación, Metodología de la Investigación, y Proyecto de Investigación.

Desde joven le ha gustado escribir, porque le parece la forma mas idónea para expresar los sueños, las vivencias, las ideas…que se quieren compartir.

Es apasionada por la lectura, sobre todo por la que tiene que ver con el ser humano en su dimensión espiritual. Se reconoce como una persona que se equivoca y busca en sus errores un aprendizaje.

.

A Dios en primer lugar,

que aunque no se como es,

he sentido su presencia en mi vida

A mi esposo, familiares y amigos(as)

que siempre me han apoyado en esta tarea

Nada hay más peligroso que
cuando nos distraemos de la vida,
la distracción ocupa todo el sofá,
que no nos damos cuenta
de lo que perdemos o
dejamos de obtener
por estar entretenidos.

ÍNDICE

PREFACIO

Escribir sobre un tema sumamente abordado por diversos autores y estudiosos en épocas o periodos de tiempo diferentes, pareciera algo retórico o redundante. Sin embargo, hay asuntos que por su ineludible importancia en cuanto a que tienen una amplia relación con la vida misma, nunca dejan de ser relevantes. Este trabajo de reflexión se alimentó de numerosas lecturas realizadas que han orientado el pensamiento y el análisis hacia interrogantes aun no resueltas o, en estado latente, en primer lugar acerca de la disyuntiva existente sobre cual de los dos modelos económicos de producción más extendidos en el mundo como son el capitalismo y el socialismo son los más idóneos en relación con la vida en general o por el contrario es más bien, una cuestión de falta o ausencia de ética; segundo respecto a la formación de la conciencia social, los planos de la realidad, las acciones y sus consecuencias y el miedo social; tercero, la vida desde la perspectiva espacio tiempo, el misterio del origen de la vida, la diversidad es la norma y el cambio una constante continua y, lo infinito y lo finito como una interpretación de lo que somos y; cuarto, el tema del amor como vehículo de la transformación, la praxis del amor, amor y religión, amor y libertad y por último; un espacio para la vida como una alternativa en un mundo tan complejizado y diverso. Aspectos que expongo en perspectiva, el primero lo hago a manera de crítica y cuestionamiento desde un enfoque sociológico, el segundo a manera de reflexión y, el tercero y cuarto a manera de propuesta, dentro del contexto económico, social, político y cultural al que pertenezco, en tanto que toda reflexión tiene como marco de interpretación la realidad inmediata en la que se vive.

Mencionar cada uno de los textos que me sirvieron de plataforma cognoscitiva para hacer las siguientes reflexiones, no es posible y, sospecho que lo sea.

El conocimiento en su carácter intelectual es principalmente producto de la constante reflexión y análisis de la relación existente entre la práctica y la teoría, entendida la primera, como vivencias o experiencias concretas de la vida misma y la segunda como algo por superar.

En este sentido, el aporte que a continuación se presenta, tiene como objetivo más la búsqueda de la disensión que de la aceptación, aunque la intención principal es contribuir humildemente con unas letras para la interpretación del acontecer de la vida humana desde un punto de análisis sociológico, ecológico y humanista, aun sabiendo que es una tarea titánica o casi imposible que, por el solo hecho de proponer una filosofía diferente a la existente se produzcan cambios en el mundo que vivimos, debido principalmente a que, cuando se ha avanzado de una determinada manera ésta, echa raíces de tipo cultural que no es fácil de remover, sólo creo y a riesgo de equivocarme, será posible en la medida que los gobiernos del mundo de manera consultiva, participativa y conscientemente ecologistas, lleven a cabo políticas y programas económicos y sociales de forma continua y en concordancia con el bienestar colectivo. Así también, quiero expresar con un alto sentido de respeto hacia los grandes exponentes o teóricos clásicos, que han iluminado las mentes acuciosas, que nunca abandonen la tarea de buscar comprender los cambios inmanentes de la humanidad ante la necesidad de revisar todo lo que hasta ahora hemos hecho, los conceptos utilizados, el uso que le damos a los medios y recursos, etcétera, para que pueda surgir la posibilidad de que tengamos un mundo mas acorde con la vida en toda su expresión.

DIPM

Maracaibo, Venezuela

REFLEXIONES I

El objetivo es la vida pero,
persistimos absurdamente en la muerte

En la naturaleza están las respuestas
a muchas de nuestras preguntas

El trabajo tiene que hacerse más a través
de la conciencia que, a otras cosas

La vida es el objetivo, todo lo demás
debe girar en torno a este

Quizás sea con el lenguaje de la poesía que
debamos interpretar de nuevo el mundo

Hay gobiernos tan prepotentes
que se sienten dueños de los pueblos
que los eligió cuando ellos son, solo sus servidores

A veces salen a flote como artillería nuestras miserias
y con ella destruimos toda relación con los demás
y en muchas ocasiones a nosotros mismos

Lo que creas es lo que harás,
por ello las razones cuentan
y a veces por ella se pierde todo

Por qué cuesta tanto ponernos de acuerdo
en algo que es tan elemental e importante como es
mantener la continuidad de la vida sobre el planeta tierra.

PARTE I: A manera de introducción

¿Capitalismo, Socialismo o Una Cuestión de Ética?

Si nos preguntamos de manera sincera, con toda honestidad si, ¿Estamos conformes o de acuerdo con el mundo desde el punto de vista social en el cual vivimos, o con la manera como se desenvuelve la dinámica política, económica y social del país en el cual estamos? y, la respuesta es afirmativa, entonces quiere decir que estamos satisfechos, nos sentimos bien, a gusto y, por ende no deseamos que cambie. Si respondemos que no, entonces tenemos que revisar donde están las fallas, ¿Qué las produce? ¿Por qué se producen? Y por ende, comenzar a proponer alternativas de solución, que no deben ser solo paliativos superficiales o, de forma solamente, sino buscando las verdaderas raíces de los males e ir creando una nueva sociedad, una nueva forma de dinámica social, política, económica, sin desestimar que cambiar una sociedad por una diferente, que esté mas acorde con una calidad de vida para todos o, la gran mayoría, no es tarea fácil y, tampoco puede hacerlo una sola persona, ni un grupo, es una tarea compleja que debe ser compartida por lo menos por los que tienen la responsabilidad de guiar los destinos de un país, sino nunca será posible lograrlo y tampoco, se puede decretar como si solo dependiera de una orden, cuando en realidad son tantos los elementos que se han de tomar en cuenta que es una tarea sumamente compleja pero no imposible, identificar los elementos de diversa naturaleza, social, cultural, política, económica, recursos naturales, jurídicas, entre otras, que interrelacionados intervienen en la dinámica de las relaciones humanas que sociológicamente hablando, pueden ser, de conflicto, acomodación, acuerdos o negociación, asimilación o cooperación y que a su ve están en constante movimiento, es decir, mapear el territorio o la región donde se hace el análisis. Por otra parte, es cierto que se necesitan dirigentes en un país, no uno, ni dos, sino muchos, cada uno trabajando por un mismo objetivo, que no es personal, que no es individual, sino un objetivo que es, en toda su expresión, social y colectivo. Pero ese objetivo debe ir a la par con los mecanismos y estrategias que se han de implementar que vayan creando el ambiente propicio para su logro. Pero, ¿como hacer, para que todos y cada uno desde su espacio de vida, su lugar de trabajo, de estudio, su casa, la calle, quiera trabajar por el mismo objetivo? ¿Cómo hacer para que, cada uno se involucre y sienta ese compromiso como algo personal, de manera internalizada? Habría que preguntarse primero ¿Que nos divide?, ¿Por qué nos divide? y, ¿Cómo nos divide? Podríamos comenzar señalando algunos apectos generales como por ejemplo, la existencia de un exagerado individualismo que se nutre día a día a través de un desmesurado consumismo. Pero, ¿De donde y por qué, se origina ese individualismo y ese consumismo? es decir, preguntarnos, ¿Por qué somos así? ¿Qué hace o, qué elementos influyen o intervienen para que seamos consumistas de esa manera? buscar donde se originan las raíces o las razones por las qué no es fácil llegar a un acuerdo, de trabajar todos por un mismo objetivo de desarrollo y preguntarnos también ¿Que tipo de desarrollo sería posible y conveniente?, porque hay diferentes formas de interpretar el desarrollo de acuerdo a los factores que lo eclosionan donde la dirección que se tome tendrá sus características y consecuencias así como también, con respecto a los recursos con los que se cuenta. Es decir ahondar a todas luces en la cultura, en el ser, sentir, pensar y hacer de una colectividad en general. Tocar lo sociológico para llegar a comprender lo ideológico, es una via posible de análisis.

Pero, la cultura es, a su vez, la combinación de muchos elementos como respuesta a diferentes necesidades e intereses; físico-naturales, políticas, religiosas, económicas y de otras índole, expresándose tanto de manera individual como social y colectiva. Es una respuesta a..., pero no, como una respuesta conductista, porque en ella también interviene el libre albedrío, la inventiva, la creatividad, la consciencia, los intereses, las necesidades, las decisiones y las equivocaciones, entre otras.

Los factores físico-naturales, o ambientales que existen en un territorio como son, los factores geográficos: montañas, ríos, lagos, planicies, flora y fauna, etcétera, caracterizan en un principio, pero no de manera determinista, la actividad económica y religiosa de un pueblo, configurándose la vida social y política, en su aspecto super estructural ideológico (ideas, creencias, valores prevalecientes, inventiva e iniciativas de acción, entre otras) y, la manera como se establece la dinámica para la supervivencia y satisfacción de necesidades reales o creadas.

La vida de un grupo humano se desarrolla en primer momento de acuerdo a los recursos físico-naturales presentes en el lugar donde habitan, en función de satisfacer las necesidades básicas de alimentación, resguardo, descanso y protección, vestido para abrigarse, agua para el consumo y aire limpio para respirar; influyendo primordialmente estos elementos en la conformación de la cultura de dicho grupo. En algunas comunidades del pasado y en algunos grupos humanos, se practicaba la caza, la siembra y la pesca, porque existían condiciones favorables para ello, y no había la necesidad de modificar su estilo de vida, como fueron y aun lo son algunos grupos aborígenes en diferentes países. Pero en otros, se inició un proceso de transformación e intercambio de materia primas, se desarrolla la artesanía, la construcción de implementos de uso como vasijas y, herramientas para la elaboración y disposición de los alimentos, entre otros; así como, la fabricación de las primeras armas de caza, lanzas, machetes, hachas, posteriormente se crea la pólvora potenciándose luego los alcances que esta posee, en cuanto a su uso para la ocupación a través de la guerra, de los territorios mas favorables en recursos, que se fueron poblando y, con ello la difusión de los elementos culturales hacia otros espacios geográficos,

Con la creación e incorporación durante el siglo XVII, de las máquinas en el proceso de producción, inicialemente en Inglaterra, que se extiende posteriormente a todo el continente occidental europeo y americano, el modelo de sociedad, tribal, comunal, artesanal y familiar con una organización política feudal, que tenia como soporte la tenencia de tierras y de recursos como garantía directa, cambia drásticamente, a un modelo de producción mercantilista, conformándose como centro de éste, ya no solo las necesidades humanas, sino la venta de mercancías y la acumulación de riqueza, mediante la creación del dinero como mecanismo de intercambio clave, en dichas operaciones. Proceso de cambio no solo de carácter económico, sino también producto de la confluencia de fuerzas sociales que fueron generando otras formas de organización y relaciones sociales de producción, distribución y consumo de mercancías de todo tipo.

En esta nueva forma de organización de la estructura económica y social, surge la relación patrón/ asalariado, se crea la fabrica para la producción en serie de productos de todo tipo o alimentos procesados, ropa, autos, repuestos en, un sin fin de artículos o artefactos que invaden las recién creadas tiendas, supermercados, abastos, etcétera, que son surtidos a través de los denominados distribuidores de productos o mercancías, para la venta al publico consumidor. Nace una nueva cultura "todo lo necesario se puede producir, vender y comprar".

La revolución industrial cuyo centro fue el viejo continente europeo, en los siglos XVII y XVIII, estuvo acompañada por dos revoluciones más, la revolución científica y tecnológica y, la revolución francesa de tipo ideológica y política, la cual trajo consigo cambios drásticos en la estructura política presente en dicha época como fue, la monarquía en la antigua sociedad europea. Los principios de libertad, igualdad y fraternidad promovidos por esta revolución se expandieron hacia otros países de occidente principalmente a Estados Unidos de América implantándose de manera distinta en cada territorio, según las condiciones existentes en cada uno, los recursos naturales, tamaño de la población, niveles de educación, la cultura prevaleciente, entre otros. Las oportunidades, al igual que las necesidades, constituyeron los incentivos para la producción de bienes y servicios. Las sociedades que no requirieron desarrollar instrumentos complejos para la sobrevivencia, fueron aquellos que poseían numerosos recursos naturales diversidad de animales y flora, agua para el consumo entre otros, que le aseguraban la alimentación en primer lugar. Sin embargo, estos procesos no se desarrollaron de inmediato, linealmente, ni de manera sencilla, sino por el contrario, se llevó a cabo en un largo período de tiempo. Los procesos de cambios sociales se caracterizan por ser complejos y conflictivos, con momentos de efervescencia y con momentos de calma, nunca de manera uniforme y con la participación principalmente de factores políticos ideológicos y con una base económica y social. Siendo la actividad económica la que esta directamente relacionada con el sustento o adquisición de bienestar o seguridad alimentaria principalmente.

En sus inicios, el sistema económico capitalista se conformó como una vía para el desarrollo económico, a través de la investigación científica para la transformación de las materias primas en productos terminados, creándose maquinas y equipos para el mejoramiento de las condiciones físicas y de infraestructura, carreteras, fabricas, servicio de electricidad, acueductos, para facilitar el acceso a bienes y servicios, pero al mismo tiempo, se fue configurando una nueva diferenciación social ya no, como resultado de la tenencia de la tierra, como principal valor, las cuales estaban en manos de las familias terratenientes, quienes ocuparon los espacios geográficos estratégicos donde se encontraban los recursos naturales, como cuencas hidrográficas, vegetación, tierra fértil y planicies y, para la construcción de edificaciones de todo tipo, sino también, como resultado de la acumulación de capital proveniente de la industrialización y comercialización de bienes y servicios, que fue concentrándose en manos de quienes veían el proceso productivo como un ventajoso negocio. Así se fue conformando, una burguesía capitalista, dueña de las grandes fabricas, bancos, medios de información (radio, prensa). Pero la gran mayoría de la población quedó rezagada, con la única posibilidad de ofrecer únicamente su mano de obra para trabajar en dichas fabricas, vender su fuerza de trabajo, a fin de poder obtener un salario para la subsistencia de si mismo y de su grupo familiar. La pregunta es ¿Qué hizo la diferencia?, ¿La capacidad?, ¿La oportunidad?, ¿Ambas? o ¿Fueron razones circunstanciales que influyeron en ese momento y generaron dicha diferenciación? Atribuirlo a una sola causa sería caer en el determinismo histórico y eso es incorrecto metodológica y sociológicamente hablando, ningún hecho ocurre debido a una sola causa, motivo o razón, habría que estudiar todo el contexto de esa época y por otra parte las revoluciones han sido procesos sociales dados entre los seres humanos, de acuerdo a las capacidades que los mismos han desarrollado, las alianzas hechas, las estrategias utilizadas como la guerra, las negociaciones u otras, las cuales han sido algunas de las maneras de obtener recursos naturales, principalmente. En tiempos atrás, según versiones historicistas, ocurrió de manera fraudulenta, con engaño, trampa, sojuzgamiento o sometimiento, a través de las guerras, siendo la negociación los convenios y los acuerdos, formas que empezaron a emplearse con el advenimiento de la Republica como gobierno y de las democracias como ejercicio de ésta.

Con estas revoluciones, se configuraron nuevas formas de organización; social, económica, política y por ende cultural y, se fueron creando los mecanismos para consolidar dicha estructuración principalmente los medios de información y transmisión de mensajes, que de todos los instrumentos que soportan y recrean el sistema de producción económico y social, son los más relevantes debido a la eficacia de los resultados que con éstos se obtienen, así como, mediante la estructura de socialización formal como es, la escuela (Consultar a: Ch. Baudelot y R. Establet: *La Escuela Capitalista*.1971) y la industria cultural que lo sostiene. (Consultar obra de: Daniel Bell y otros: *Industria Cultural y Sociedad de Masas*. 1969) con la diferencia de que, con los primeros se accede a mas población que con el segundo.

El capitalismo y ningún otro modo de producción y organización social hasta ahora conocido, puede ser ascético, su desarrollo requiere de un trabajo ideológico de convencimiento y aceptación de unos por otros, por lo que se desarrollan conjuntamente con este, diversos mecanismos para su adopción como modelo económico social de producción en muchos países del globo terráqueo, anteponiéndose a éste, otra concepción ideológica como es el comunismo y el socialismo, que surge en un principio por parte de intelectuales de la época de la industrialización que veían en el sistema económico social capitalista, una forma de explotación y desigualdad para la mayoría de la población en cuanto a los beneficios que este generaba.

Las nuevas y diferentes formas de interrelaciones humanas que comienzan a generarse, las diversas connotaciones de la vivencia, el surgimiento de lo trivial, del individualismo, los estereotipos y la moda, la estigmatización de anti valores, la cultura del ocio, entre otros, dan cuenta del surgimiento de una nueva cultura, inmanente al nuevo modelo económico de producción, distribución y consumo. Modo de producción que en algunos países se desarrolló a partir de la conquista de una "mayor calidad de vida" de sus habitantes pero que en otros no ocurrió así, es decir, no se produjo una adecuación del modelo de producción hacia la atención de las necesidades de todos los habitantes del lugar o país donde se instauro, en parte porque las condiciones existentes eran desiguales, en cuanto a recursos existentes y en relación a las estrategias asumidas por los dirigentes políticos y económicos del momento en relación con una planificación y ejecución de programas y proyectos de desarrollo que beneficiara a la mayoría.

Los países se clasificaron en desarrollados y subdesarrollados de acuerdo a los adelantos que han alcanzado en cuanto a la satisfacción de las necesidades de alimentación, salud, bienestar o calidad de vida de sus habitantes. En este sentido, existen notables diferencias entre los niveles de bienestar alcanzado en los países desarrollados con respecto a los subdesarrollados, pero, ¿Cual ha sido el costo pagado por ese nivel de calidad de vida alcanzado en los primeros, por una parte, y el costo pagado por los que no lo hicieron? ¿Será que existe relación en esa adecuación? Todos sabemos que si, los países subdesarrollados se insertaron en el nuevo orden mundial establecido, de manera desventajosa para estos, como proveedores de materias primas, sin llevar a cabo una acertada gestión de la administración de estos recursos. Por otra parte, a nivel cultural se arguye que la calidad de vida del ciudadano común en un país subdesarrollado capitalista, se resume a un centro comercial, donde hay entretenimiento, supermercados, farmacias, ropa, comida, zapatos, artefactos y, muchas otras distracciones, como el único aspecto que ha sido atendido en toda su expresión. Constituyendo mecanismos que recrean lo superficial sobre lo real, lo cotidiano sobre lo trascendental. Aunque, en ambos estatus de países el drama es similar, ya no se conversa, se habla sobre cualquier cosa, ya los sueños no son propios, son pre-elaborados o preconcebidos por la misma industria cultural donde, para ser protagonista debes someterte al sistema, ser parte de su ideología y, a su vez "tener" con que serlo, la distracción se convirtió en una vía de escape ante los problemas del individuo, pero sin analizar el por qué de sus problemas y mucho menos los problemas de la humanidad entera. El centro de interés es el tener, todo aquello que te genere bienestar individual, pero a costa de la disminución del bienestar general o colectivo. Los aspectos como la salud, la educación, la vivienda, la alimentación, quedaron rezagados en los países subdesarrollados. Aunque tampoco en los países desarrollados se han resuelto del todo.

En lo social, la organización familiar se transformo al tener que participar tanto el hombre como la mujer en el sistema de producción capitalista, la madre y el padre, no son los que crían y educan a los hijos, sino la sociedad, es decir, tienen que dejar sus hijos con otras personas (algunas veces con una criada o señora del servicio, cuando no cuentan con los abuelos (la mayoría de las veces la abuela materna o paterna) cuando no, con alguien que puede ser familia o con algún vecino(a); y, en el peor de los casos, solos, cuando mamá y papá (si los tiene) no tienen mas remedio que hacerlo. Dejar a sus hijos y por ende, su primera educación, para ir a trabajar (ganarse un salario, en el caso que tenga un empleo o, trabajar por su cuenta en cualquier oficio, que represente la supervivencia de la familia) constituyendo no una alternativa, sino la única opción.

En el sistema capitalista se trastocan las relaciones humanas, el hijo puede llegar a ser el patrón de su padre, si el primero es dueño del medio de producción y el segundo es su trabajador asalariado, o entre hermanos(as) cuando uno(a) es quien posee el capital y crea una empresa de cualquier tipo, pero no como una empresa familiar, sino una de tipo capitalista donde la ganancia constituye el motivo de la misma, la cual corresponde a quien hizo la inversión del capital, suele decirse en este tipo de situación "negocio es negocio", o se prefiere no contratar personas que sean familia para que no haya inconvenientes al momento que se presente una dificultad.

En el sistema capitalista el valor es el dinero y lo que por medio de este se obtiene, el esquema de interpretación de la vida subyace en la forma como queremos vivir.

Se convierte el trabajo y el dinero, en lo más importante para la mamá, el papá o ambos. Pero que ocurre con el niño o niña, que sucede con su espacio, que se va llenando o se va sustituyendo por la televisión, los juegos en solitario o acompañados, cuando son varios hermanos o, con amigos, la atención no necesariamente adecuada de otras personas que, no son, su mamá o su papá. Entonces, aparece en primer lugar la falta de afecto, de atención, de orientación, que si los puede recibir en la mayoría de los casos, pero dosificado. Papá y mamá, llegan cansados del trabajo y no hay tiempo, ni ganas, para jugar, charlar, intercambiar ideas, dar afecto es decir no hay tiempo para ser, familia.

La soledad que genera el mismo capitalismo, es solapada con programas de TV, juguetes, artículos varios, internet (hoy día) y, todo tipo de alternativas, los "compensa" con hacerlos creer que se es libre para escoger todas las opciones u ofertas de "productos" que éste crea. Nos proporciona un control, que no es más que un dispositivo para cambiar de opción, entre las opciones propuestas. Es decir, para escoger entre las opciones que si no proviene de su industria, te hacen pensar o creer que no te convienen o que va en contra de tu libertad, siendo este uno de los mecanismos que se dan tanto en el capitalismo como en el socialismo.

La libertad como piedra angular que más se pregona en el modelo capitalista de producción, es a todas luces una seudo libertad, porque en este sistema económico la libertad esta condicionada por las relaciones sociales de producción y la satisfacción de necesidades, como por ejemplo escoger cualquier cosa que nos apetece si la podemos comprar, estudiar cualquier carrera si es ofrecida, entrar a las universidades existentes o salir a estudiar a otro país, si se poseen los recursos como hacerlo, pero lo mas importante dentro de esa relación económica y social, es que existe la opción aunque pocas y limitadas o, de acuerdo a como esté organizada la sociedad en cuanto a su sistema jurídico y, a como operen los mecanismos ciertamente legales y explícitos, si predomina el estado de derecho por encima de cualquier otra institución social.

En el caso de la relación entre instituciones como la familia y el dinero, por ejemplo, se observa como el centro de atención en dicho núcleo primario, es el dinero y lo que éste proporciona. La madre y el padre, suponiendo que se trata de una familia tradicional, actualmente deben trabajar, para poder proporcionar alimentos, educación, salud, vivienda, seguridad y, una serie de aditivos socioculturales, que todo grupo familiar quiere poseer para sentirse parte de la sociedad consumista donde se encuentra y, de la cual es integrante. El poder adquirirlos, hace que exista una relativa armonía dentro del grupo. Pero, la pregunta de rigor sería ¿Cuánto tenemos que sacrificar por tener, ese modelo o estilo de vida? Una madre y un padre que no tienen tiempo para encontrarse con sus hijos, para verlos y acompañarlos en su proceso de crecimiento, esa tarea es relegada a otros (la escuela, la televisión, internet, la radio, la calle, u otros grupos), pero a su vez, padres y madres creen o están convencidos que eso es lo correcto y necesario, que su función biológica de ser padre o madre no da cabida a la función social de formación la cual corresponde o es compartida con otras personas o instituciones como la escuela.

El sacrificio consciente o inconscientemente realizado, es considerado como algo normal o, por lo menos como lo único posible. El padre, siente que, con traer los alimentos para la casa ya cumple su tarea, la madre también lo cree, en la mayoría de las veces y, también por cumplir con los pagos de los servicios públicos, luz, agua, gas, teléfono, internet, necesarios para llevar una vida en consonancia con el estilo de vida deseado en ese país capitalista.

La función biológica de traer al mundo un bebé con todos los requisitos que ello implica, se considera como función principal, luego procrear es una actividad compartida, el núcleo familiar se hace mas extenso en el sentido que esta función escapa de las manos de las dos personas directamente involucradas (padre y madre) por una parte y, por otra, la aparición de nuevas necesidades que obligan a la pareja a tener que dejar a sus hijos en manos de otras personas o de recursos tecnológicos como la tv, el internet, entre otros, que no son incólume en sí mismos, sino que llevan a cabo funciones especificas dentro del sistema capitalista, específicamente la de entretener, vender mercancías de todo tipo, promover estereotipos socioculturales, fomentar tipos de creencias, entre otros.

En el capitalismo, desde el punto de vista idealista, debido a que ningún modelo, ejemplo o situación tiene exacta correspondencia con la realidad, el padre y la madre, tienen diversas demandas, de sus hijos (as) de su jefe (a), de sus compañeros de trabajo, entre otros. Su tiempo se encuentra limitado y, debe hacer todo lo posible por ocuparlo eficazmente, pero mientras más lo administra, mas cosas aparecen por hacer y menos tiempo libre se tiene. Se convierte en un circulo vicioso, que va agotando sus fuerzas, por lo que se enferma y solicita reposo medico. Pero no renuncia, porque quizás no conseguirá otro empleo, otro sustento y, prefiere mantenerse de bajo perfil, su trabajo se convierte en lo mas importante para él o ella, se somete a una rutina diaria de la que quisiera escapar pero que no puede hacerlo. Al ser el modus operandi del sistema capitalista la producción en serie, todo bajo su esquema se vuelve una rutina, el trabajo, la vida familiar, celebraciones, onomásticos, la religión, etcétera.

Sin embargo, muchas personas que viven dentro del sistema capitalista, todos los días se levantan pensando que va a ser mejor, o diferente, que va a encontrar su suerte y, repite la misma rutina de siempre, con alguno que otro cambio insignificante. Sabe que la vida se le esta yendo, que cada vez va envejeciendo y, que ya no habrá mas oportunidad, pero no hace absolutamente nada para modificar esa situación, porque se ha acostumbrado a dicho ciclo, aunque reniegue de ello.

Sus hijos estudiando en una escuela casi siempre privada, son vistos como la esperanza, de cambiar el estilo de vida, el estatus social, de viajar y conocer otros países, de obtener más beneficios económicos y más calidad de vida.

Luego los(as) hijos(as) cuando crecen hacen su propia vida, tratando de lograr también un sueño, que termina esfumándose por el humo social, el smog, el ruido, la apariencia, si llega a obtener un titulo para poder desempeñar un trabajo que le asegurara su bienestar, pero debe entregarse a el, en cuerpo y alma, considerar también su tiempo como una inversión. Se comparte con grupos de la misma profesión, se viaja, se hacen postgrados académicos, pero la rutina del día a día llega a imponerse y, se repite el circulo vicioso pero con otras pequeñas variantes.

Cuando en una sociedad los privilegios se obtienen por razones de tipo económicas, la venta y compra de mercancías sustituye las interrelaciones humanas, donde se busca un fin, sin importar los medios ni las consecuencias, donde se impone la muerte como la solución a los problemas, donde matar y morir son la misma cosa, porque se ve la vida como una mercancía. Es decir, donde no importa la vida, sino la comercialización o beneficios que se pueden obtener de ella, donde la muerte expresada de diferentes maneras por enfermedad, por soledad, por abandono, por desidia o negligencia, la muerte por encargo, secuestro, suicidio, la muerte en todas sus expresiones aparece, como parte de un sistema social y económico donde el ser humano no es el centro, sino el capital o el dinero, que se obtiene mediante la venta de todo aquello que pueda ser comercializado; en diversas expresiones, como bienes o servicios u otras formas, como la información y, la noticia convertidas en mecanismos casi siempre para estigmatizar la sociedad, para hacer del hecho ocurrido una anti- parábola.

De un hecho real, ocurrido, se elabora una noticia. Donde, hecho no es igual a noticia, solo es una aproximación y, en el peor de los casos, una distorsión del hecho. Quien elabora el mensaje contenido en dicha noticia lo hace utilizando fuentes de información y también su propio criterio, puesto que, el ser humano no puede desprenderse de sus propias percepciones e intereses. La noticia es condicionada por múltiples componentes, que provienen de elementos físicos (luz, tono, velocidad de lo expuesto, entre otros) como, de elementos ideológicos (intereses personales, políticos u otros) de quien o quienes elaboran el mensaje o, lo editan. Pero, lo intereses no son absractos estos están en confluencia directa con la dinámica politca, social y económica existente.

La organización económica basada en un modo de producción en serie, no en la necesidad del consumidor en el artículo, sino en la necesidad creada para el artículo, es decir, se produce para vender, no para satisfacer necesidades, porque ese es su leit motiv, impone la cultura del consumismo, "mientras mas poseo más feliz soy"; resultando ser una felicidad etérea, ficticia y, efímera, sin sustento real, que desaparece cuando se posee el artículo. Vamos llenando nuestro espacio, tanto físico como el espacio vivencial, de cosas materiales, la necesidad del ser, es sustituida por la necesidad del tener.

Las interrelaciones humanas comienzan a estar mediadas por el estatus social, por la disponibilidad de recursos económicos y, por diversos aspectos que no responden a los mismos condicionantes de épocas anteriores o a razones de sobrevivencia de la especie, sino a razones super-estructurales e, invisibles a la conciencia humana, de algo falso que parece real, pero que no lo es, ni sabemos que no lo es, donde la responsabilidad y el compromiso giran alrededor de la conveniencia.

La organización económica y social (política, religiosa, entre otras) no son, de ningún modo excluyentes, una convive con la otra y todas se recrean entre si. De allí la cultura, el actuar, pensar, sentir y ser, la cultura como proceso y como producto constituye junto a éstas, una dinámica, cambiante y compleja, nunca fija o, inamovible. Se va configurando en la medida   que se introducen nuevos elementos, nuevas ideas, nuevas tecnologías, entre otros factores. La cultura se presenta de esta manera como, lo que nos caracteriza; pero ella misma no es homogénea, no existen ni existirán grupos humanos que posean ni los mismos pensamientos, ni formas de ser idénticas. Si existen, por el contrario, grupos humanos que comparten formas de interpretar la realidad y, se identifiquen entre si, por los fines u objetivos que los guíen.

Pero ni la sociedad capitalista ni socialista son tampoco un todo homogéneo, ni nunca podrán serlo, estas estan conformadas a su vez, por diversos grupos que poseen objetivos e intereses diferentes u, opuestos que hace que se enfrenten unos a otros, enfrentamiento que no es necesariamente directo, sino a través de mecanismos lícitos o, ilícitos en algunos casos, en la medida que el control social mediante leyes, reglamentos y normas sea ejercido en forma flexible, es decir se evadan o incumplan o, no haya sanciones generando falta de credibilidad y por ello, se ignoren.

Si los problemas sociales son complejos las soluciones por tanto deben serlo también, las soluciones simplistas o, que no vayan a las raíces de estos problemas constituirán solo paliativos y, por tanto, con capacidad para volver a surgir en cualquier momento u oportunidad que se presente. El factor político en el capitalismo subdesarrollado, de acuerdo a este análisis, ha constituido el principal elemento coadyuvador de los mecanismos sociales y económicos, fundamentalmente. Por otra parte, una sociedad, expuesta a fuerzas de dominación externa proveniente de otras culturas, se expone a que se vulnere su economía, se trastoque su cultura, se impida su desarrollo pero, que se dé o no dependerá en gran medida de las estrategias y tipo de relación que se establezcan entre estas.

Cada uno de estos aspectos engloba un conjunto de formas específicas de actuar, pensar, sentir y ser; delimita a la vez formas y estilos de vida específicos.

Sin embargo la cultura capitalista al igual que cualquier otra, debe asimismo, construir, utilizar y recrear los mecanismos e instrumentos mediante los cuales se mantenga, permanezca en el tiempo y se legitime. Estos mecanismos no aparecen por si solos, su creación se da por la concurrencia de diversos factores orientados a este fin. Cuando algunos de estos factores giran en contra de dicha cultura, surgen o se crean otros mecanismos para buscar desplazarlos o anularlos. Proceso que es llevado a cabo, por grupos que se identifican y benefician de este tipo de sistema cultural. Pero de manera oculta es decir no explicita. La supervivencia o estilo de vida de estos grupos no podría darse, sin la existencia de dicha cultura.

El capitalismo como modelo económico de producción social fue analizado por el filósofo alemán Karl Marx (1818 – 1883), en sus diversas obras literarias, principalmente en El Capital (iniciada en 1862) y publicado después de su muerte.

El capitalismo contiene, de aduerdo con este análisis, sus propias contradicciones, que se expresan en su misma esencia, la búsqueda de la ganancia a través de la venta de "mercancías" que constituye el medio para alcanzar su objetivo, centrado en la ganancia y en la plusvalía o el valor excedente que no está representado en la retribución que recibe el trabajador como salario. Este sistema de producción tiene por tanto como objetivo, no la satisfacción de las necesidades humanas, sino la acumulación de capital, para tener acceso a lo que el mismo capitalismo proporciona, proyectando mas alla sus aspiraciones, en un marco neoliberal.

Esta tendencia que forma parte de una estrategia del estado capitalista, señala que la cooperación entre los países es necesaria para reducir los conflictos sociales. El capitalismo reduce u orienta su vocación a la reducción de éstos, queriendo extrapolar los orígenes o causas de estos conflictos hacia otros ámbitos y no, como parte sui generis del mismo modelo capitalista de producción. Enmascara una realidad que es interna y busca aliados en otros países para identificar los enemigos del sistema que hay que combatir por ejemplo las ideologías socialistas o comunistas, estableciendo alianzas de cooperación entre países con igual sistema de producción.

El capitalismo desarrollado se apoya en el neoliberalismo como una nueva estrategia para extenderse por todo el globo terráqueo mediante la llamada globalización, pretendiendo diluir su responsabilidad mediante propuestas alejadas de sus verdaderos objetivos y, promulgando la libertad de expresión, libertad de producción, libertad de información, el ejercicio de la democracia, los derechos humanos, entre otros, argumentando que estos requisitos deben existir en toda sociedad que se considere justa, los cuales son necesarios evidentemente, ¿pero, hasta que punto se ejercen estos derechos?

El capitalismo contribuye a afianzar las diferencias existentes en su interior debido a que no podría atender, debido a su lógica, los derechos de todos de manera igual. El que vende su fuerza de trabajo (el asalariado) está limitado en este sistema a "vivir" con lo que gana por su trabajo, en un sistema donde todo tiene un precio, porque la "producción" de estos requerimientos tiene un costo; en el sistema de producción capitalista, todo lo que es posible, se convierte en mercancía para la venta. Los derechos a la salud, la vivienda, la educación, la recreación, etcétera, se convierten en mercancía y se deben adquirir como tal, los productos aunque el asalariado contribuya con su dedicación, energía, tiempo, capacidad, a su creación, no le pertenecen, tiene que comprarlos. Y es allí donde está su primera contradicción. Se conoce de acuerdo al enfoque marxista como enajenación, porque ni lo que produce ni el como lo produce, le pertenecen a quienes lo hacen, obteniendo por su producción un salario, que muchas veces no compensa lo invertido física o intelectualmente por el trabajador   Por el hecho de no ser el dueño de los medios de producción y del capital financiero, no tiene derecho al usufructo que se genera de estos, por tanto debe conformarse con el salario y por la obtención de algunas bonificaciones a fin de año como utilidades o aguinaldo, que le asignan, aunque sea quien está, generando la riqueza, la plusvalía o ganancia porque el capital no es de su pertenencia. El trabajador con sus destrezas, habilidades y capacidades solo se dedica a producir con las herramientas que le proporciona la empresa capitalista donde se desempeña. Desde este punto de análisis, las herramientas de trabajo (maquinas, equipos, conocimientos, destrezas, etcétera) constituyen elementos necesarios para que cada uno realice una actividad productiva de desarrollo dependiendo de sus potencialidades, dentro de un modelo jurídico de protección y seguridad social. Pero aquí esta el dilema, cuando unos quieren ganar mas que otros y ejercen una competencia desigual en cuanto que no es solo la calidad del producto, lo que vende, sino la mayor injerencia que se tenga en los mecanismos sociales utilizados para el convencimiento del publico consumidor y del tipo de mensaje que se proyecte. Es decir, que tipo de mensaje es el mas adecuado para provocar el consumo de un producto, y no que tipo de mensaje es el necesario para crear una consciencia social humanista y ecológica dentro de una marco social y jurídico eficiente, porque ese no es su interés.

Por la misma dinámica en la cual se desenvuelve, la sociedad capitalista crea y recrea sus propios "monstruos", o sus propias enfermedades y enfermos, el stress, el individualismo, el egoísmo, la envidia, la mezquindad, la indiferencia, entre muchas de las enfermedades sociales, producto del tipo de interrelaciones humanas que promueve. Donde todos somos, en algún momento victimas o victimarios. Enfermedades reconocidas por el mismo sistema pero, sin tratamiento adecuado, porque no se buscan las raíces o causas que las generan, de manera preventiva sino, que se atacan los efectos, identificándolos a través de sus síntomas. Enfermedades que muchas veces se convierten en un estilo de vida, es decir, vivir sin stress, no es posible, sin afán, sin ambiciones materiales por encima de las espirituales, no podría ser posible en un sistema que se mantiene a través de las mismas. Enfermedades, que, a   pesar de ser reconocidas y aceptadas no son concienciadas. Y como curar a un enfermo que no conoce realmente el origen o las causas de su enfermedad. Aceptamos que existe y, lo atribuimos al ritmo de vida que llevamos, pero no analizamos si ese estilo de vida, podría cambiar y, cómo podría hacerlo. La sociedad nos condena y también la condenamos, pero terminamos acostumbrándonos al estilo de vida que ofrece. Buscamos culpables y juzgamos pero, no buscamos realmente el trasfondo o el por qué de las situaciones existentes, muchas veces, por la falta de análisis, que nos dificulta la comprensión a fondo de los hechos. Nos dejamos guiar en nuestras opiniones, por lo que los medios de información difunden, sin caer en cuenta que estos informan de manera parcializada, según el objetivo con el cual se identifiquen. No se hacen discusiones sobre la información dada, no se tiene una formación intelectual basada en autores estudiosos del tema y no se confrontan los sucesos acontecidos con la realidad existente. Caemos en el juego del capitalismo, hacer creer, hacer pensar y, aceptar que hay objetividad en la información transmitida, que se apega al hecho tal cual ocurrió, que no hay manejo ideológico en el tratamiento de la información. Y, en una sociedad donde se privilegia el bienestar individual sobre el colectivo y se valora el éxito por lo que se posee materialmente, no hace falta la reflexión, ni el análisis, ni la lectura de autores que proponen algo diferente a lo que conviene al modo de vida capitalista, como hablar de objetividad, y tampoco creo que sea posible esa opción, ni en el capitalismo ni en ningún otro modo economicosocial de producción. Es vivir en un mundo, donde la muerte sin razón de cualquier ser vivo a pesar que ocurre a cada momento, no nos conmueve, solo nos preocupa y, nos duele cuando ocurre de un familiar o de alguien cercano.

Pero desconocemos u olvidamos que todos los días mueren en el mundo, producto de la desnutrición, el hambre y las enfermedades millones de niños y niñas. *"Los datos estadísticos sobre los niños y las niñas que viven en la pobreza nos enfrentan a   una realidad terrible: millones de niños y de niñas son pobres; carecen de acceso a agua potable, vacunas esenciales, educación y nutrición; corren el riesgo de ser víctimas de la explotación y el abuso"*. (Consultar: www.unicef.org/voy/spanish).

Todos los días mueren también en algunos países subdeasrrollados, muchas personas entre adultos y jóvenes producto de la violencia; y, todo esto ocurre, como si fuera algo normal, lo hemos aceptado como parte de nuestra cotidianidad.

Una sociedad donde se corre, para llegar temprano a un trabajo que nos esclaviza, que nos mutila la creatividad, porque se trabaja mediante recetas preestablecidas, la mayoría de las veces, provenientes de otras culturas, que nos hacen pensar que constituyen el modelo a seguir, pero que se vive para y, por el sistema, atrapados en un circulo vicioso pero sin tener conciencia de ello.

Una sociedad donde las colas de vehículos con personas ansiosas se convirtió en la regla, no la excepción y, así vamos todos, aceptando y sometiéndonos a un conformismo impasible, que oculta una potencial y aguda violencia, porque nos sentimos incapaces, de resolverlo, autómatas con respuestas predeterminadas en la conversación con el otro u otra, o temerosos de expresar el sentir, o malestar por temor a quebrantar el estilo de convivencia establecido.

Se traslada el problema, su esencia real, hacia una consecuencia o efecto del mismo. Se utiliza como bastión y se tergiversan las verdaderas causas y así, actuamos como justicieros, clamando por la ampliación de calles o avenidas o, por la creación de nueva infraestructura vial, sin considerar que, mientras mas calles y avenidas se construyan mayor será la cantidad de vehículos, mayor serán las colas y mayores serán los conflictos a generarse. No porque, dejen de ser necesarias, sino porque las causas que produzcan el fenómeno vial, no es fundamentalmente ese. El capitalismo fomenta la aparición del fenómeno y plantea respuestas de acuerdo a su propia lógica, y solo crea más fenómenos sociales, más congestionamientos, más delincuencia, más de todo lo que puede ser negativo para el ser humano, porque su búsqueda no está, en resolver los problemas esenciales de la humanidad sino, en los problemas de producción, distribución y consumo de bienes y servicios que considera el principal objeto de transformación social, de allí, que sea "limitado" cuando señala soluciones a problemas que el mismo crea y recrea.

Vivir apegados al dinero porque representa el éxito alcanzado en la sociedad capitalista que desde épocas antiguas y mas específicamente desde la industrialización pasó a formar parte de la cultura como elemento diferenciador entre los seres humanos. Los que ostentan o poseen dinero, tienen a su vez más posibilidad de desenvolverse o de poseer los beneficios que el capitalismo ofrece, que los que no lo poseen. Poder que se hace concreto por el hecho que la sociedad está sustentada en dicho valor económico y social, pero, también por la razón de que, los que no lo tienen también lo buscan tener, presentándose una lucha por su obtención, sin importar en la mayor parte de las veces los riesgos o, los daños de todo tipo, que podrían tener las acciones llevadas a cabo por conseguirlo. Sin embargo, los hechos no ocurren en forma absoluta, hay acciones que se realizan cuyo objetivo no es la obtención de dinero, también se presentan acciones de solidaridad humana, compañerismo u otras; el capitalismo ni el socialismo son esferas absolutorias de conductas, actitudes o acciones positivas o negativas.

¿Pero que sucede cuando un elemento como el dinero o lo que significa tenerlo, ocupa un lugar preponderante en una sociedad?

Qué sucede por ejemplo, con aspectos tan necesarios como la solidaridad, el perdón, el compromiso, la responsabilidad, la ética y, otros valores, sin los cuales se vive en una constante crisis social y familiar. Un constante enfrentamiento personal, familiar, grupal, organizacional, etcétera; que trae consigo enfermedades, muertes, rupturas de parejas y familiares, enemistades, entre otras, llegando a internalizarse tan adentro de cada uno que, ni nos damos cuenta de su agresividad y don pernicioso, ante el cual sucumbimos por el hecho de creer y aceptar que sin éste no podríamos vivir o, a suponer que no puede haber otro tipo de sociedad donde el dinero no sea lo principal, para desarrollar la vida, sino como elemento complementario o secundario, que solo sea de utilidad, en caso extremo. Una sociedad así, no existe aún y, quizás no sea posible, si en la mente de los seres humanos permanece estancada la idea de que no es posible y, que solo el poseer dinero representa la libertad y la igualdad. Si estamos estancados en esa idea predominante en estos tiempos, entonces no estamos visualizando una mejor sociedad, por el contrario estamos apostando a la guerra y la destrucción por los recursos que cada vez y, producto de la aceleración del consumismo capitalista se han ido agotando, de manera vertiginosa.

Por ejemplo, la generación de basura o desechos sólidos, ¿Por qué se produce tanta basura? y, ¿Cómo hacemos para deshacernos de ella? Las respuestas a estas preguntas nos llevarían a analizar el estilo de vida que llevamos. Si observamos todas las cosas que son producidas y constantemente compramos, acumulando en nuestras casas una cantidad de enseres, artefactos o artículos de todo tipo. Mientras mas ganamos mas gastamos, mas compramos, sobre todo el sector femenino (cremas, perfumes, cepillos, carteras, zapatos, correas, todo lo que podemos adquirir inmediatamente o a través del crédito), ilusionados en obtener todo lo que el producto ofrece (belleza, comodidad, placer, entre muchos otros). Llenamos nuestra casa de éstos y vamos cerrando el espacio para respirar, estirarnos, concentrarnos, es decir para lo fundamental. Luego, cuando el producto es desechado, se acabo o porque no satisfizo las expectativas creadas, buscamos otro y otro y otro, nunca estamos satisfecho, la publicidad que produce el sistema se encarga de que nunca lo estemos. Ya la belleza no solamente la proporcionan las cremas, los tintes o, cualquier otro producto, se crean nuevas estrategias como la cirugía plástica, la liposucción, dietas de diversos tipos, la yeso terapia, etcétera; no nos damos cuenta y, si lo hacemos no nos convencemos de que la misma sociedad capitalista que produce el tratamiento genera también la enfermedad, somos de este modo sus esclavos (as). Pero, ¿Como una persona que ha crecido y vivido en un sistema donde eso es, lo correcto o lo único que ha conocido?, porque además el mismo estilo de vida no le permite conocer otra cosa, no le permite leer otra posibilidad o no tiene la necesidad de saberlo y, por eso no le interesa, esta atrapado sin saberlo, desconoce que el modo de vida que tiene está absolutamente vinculado al contexto donde se desarrolla, que hasta su sufrimiento o placer es una situación impuesta por las mismas condiciones creadas.

En la sociedad capitalista, los intereses son mercantilistas, vender mercancías de cualquier índole con la finalidad de obtener ganancias (dinero, capital, prestigio, poder, etcétera). La sociedad produce a su vez los mensajes que conllevan a la aceptación del estilo de vida consumista. ¿Pero, quienes en la sociedad se encargan de producir estos mensajes? Una industria cultural dirigida por grupos económicos que invierten en publicidad y marketing para no solo, inducir sino, crear también, una cultura de aceptación, de entretenimiento, de placer. Toda una industria cuyos productos son intangibles, mensajes de toda índole que responden a los intereses de quienes ostentan el poder y estatus económico, político o, de otra índole. Por ejemplo, aun en muchos países, la promoción de un fenotipo de mujer que es tratada como una mercancía, que se expone a un público ávido de placeres, sin importar las consecuencias que trae consigo para ellas mismas a pesar de todas las luchas feministas que se han dado con relación a esta situación, la existencia de discriminación de genero aun persiste e muchas sociedades actuales.

La lucha de los individuos tanto interna (consigo mismo) como externa con otros, que también buscan el mismo objetivo, es permanente, constante y mientras mas competidores haya, mas rápido se debe actuar, es la competencia de ganar. No hay tiempo para meditar, ni para reflexionar, a veces ni para conversar, todo acto es medido en cuantía y si no genera usufructo, entonces, no es importante. El tiempo, que antes era solo una medida cronológica pasa a tener una medida económica. Se vuelve una inversión, que no tiene un resultado específico de valor concreto, sino abstracto, en relación a lo obtenido, una simpatía, un almuerzo, una diversión, un tiempo invertido pero no perdido, posee valor, no un tiempo malgastado sin ningún interés personal.

Los mensajes cumplen la función para lo cual son creados, tener un publico. Luego, el trabajo, la oficina, las actividades por hacer, trabajo y tiempo, visto a través de lo obtenido monetariamente. Si hace o no, sobre todo cuando se es empleado de la administración pública en muchos países sobre todo subdesarrollados, porque la paga en estos casos es por estar presente no por ser productivo. Pero no es un tiempo que le pertenece al empleado, es de la empresa o la organización que paga por ese tiempo.

Los recursos naturales (el agua para el consumo, tierras fértiles para la producción de alimentos y, espacios para la construcción) son cada vez más escasos en cuanto que haya mayor demanda de servicios como energía eléctrica, servicios de salud, educación, transporte, entre otros, ¿Cómo entonces, construir un mundo de prosperidad para todos, con igualdad y bienestar? Una sociedad donde cada uno(a) pueda desarrollar sus potencialidades, donde no se tenga temor a quedar sin empleo, porque se puede vivir de las potencialidades creativas que cada quien tenga, lo que sepa hacer o, que le guste hacer, sin atropellar a nadie, ser carpintero, albañil, panadero, pastelero, actor o actriz, escritor, poeta, cineasta, vendedor, agricultor, educador, arquitecto, escultor, ingeniero, médico, entre otros muchos oficios o profesiones, donde todos necesitamos de todos. Pero, cuando en una sociedad existen mas profesiones que oficios, se genera una competencia por los cargos, cuando nos dicen que, "estudiar es tu mejor jugada", se cierran las puertas para otras posibilidades y, se entra en el circulo vicioso en el que quedamos atrapados. Un mensaje que contiene una doble trampa; estudias y obtienes un titulo pasando a la fila de competidores por un cargo, por un sueldo o, pasas a formar parte de la fila en términos marxista, del ejercito de reserva.

La educación en el capitalismo se erige también como un mecanismo mas para la reproducción del mismo, estudiaste y no mucho cambió, creíste el mensaje, lo aceptaste como cierto y después nada importante sucedió. La persona se frustra, pasas a formar fila entre los frustrados, aquellos que tuvieron enormes expectativas y luego no se cumplieron. Porque las expectativas al igual que muchas otras cosas en la vida, no se decretan, ocurren o no, dependiendo de que haya condiciones adecuadas para ello.

Los intereses que guían a las personas se forman como resultado de las interrelaciones que fluctúan en una sociedad; por ejemplo, el interés por la propiedad privada (posesión de bienes muebles e inmuebles, conocimiento, tecnología, tierras, vehículos o, de otro tipo), proviene de la dinámica social donde se reproduce la cultura. Desde este punto de vista, el cambio de un valor histórico cultural arraigado en una población por muchos años y razones, no se puede producir de manera inmediata ni imperativa, sino y principalmente a través del ejemplo de los grupos que lideran la sociedad y la cultura (gobernantes, educadores, intelectuales, representantes estudiantiles, voceros y voceras de consejos comunales, sacerdotes, lideres políticos, dueños de los medios de información y difusión, etcétera y, principalmente mediante la conformación, cumplimiento y divulgación de una estructura jurídica legal cónsona con las demandas y necesidades del colectivo.

El capitalismo, por las contradicciones que en su seno contiene como, debido a la conformación e imposición de una realidad que va más allá de los intereses de acumulación de riquezas y bienestar individual, como es el agotamiento irreversible (sino no se toman las previsiones) de los recursos naturales; tierra, agua, aire limpio y por ende, de las condiciones ecológicas para la sobrevivencia, por lo que el desarrollo desde un punto de vista industrial al estilo de los países llamados desarrollados generaría una afectación de todo el medio ecológico sostenible y por ende, escases de productos y alimentos en atención a lo cual, hay que dosificarlo o plantearlo desde otra perspectiva, porque el capitalismo tal como lo conocemos no constituye una vía factible de desarrollo entendido éste, como bienestar y calidad de vida para todos en armonía con el medio ambiente y con los derechos humanos

El sistema capitalista al desarrollar una serie de mecanismos ideológicos de diferentes tipos, a través de recursos financieros de inversión, medios tecnológicos de información, de educación, herramientas e insumos, etcétera, promueve la creación y difusión de imaginarios ideológicos culturales en una población para lograr en ésta, credibilidad y aceptación.

Mecanismos que en un país subdesarrollado, operan en todos los campos posibles, principalmente en el de la educación y de la información, arraigándose en la organización sociocultural de manera solapada por lo que, no se pueden detectar de forma inmediata sino solo a través del análisis de contenido y reflexión sobre éstos. En el campo de la educación a través de los diseños curriculares donde se presentan una estructuración de contenidos filosóficos, programáticos, estrategias, objetivos, sobre un área de conocimiento, con una estructura fragmentada entre lo expuesto y las necesidades reales del colectivo. Ambos espacios poseen códigos en algún sentido, complacientes es decir, tratan de acoplarse sin generar ruptura o conflicto. La educación entonces es sometida a una especie de camisa de fuerza que empuja para su realización, del currículo no de las expectativas, en cuanto la creación de una sociedad mejor. Se menciona la democracia, la libertad y diversidad de pensamiento, la igualdad de derechos, etcétera., pero todo en confabulación con un modelo ideológico presente en el modo de producción económico y social, capitalista o socialista, conteniendo en su interior y discurso los elementos cónsonos con su filosofía.

En el mundo actual, un ejemplo relevante sobre esta reflexión, es la representación numérica del conocimiento o capacidades que un estudiante tenga, en un sistema de educación capitalista subdesarrollado al ser calificado a través de una nota, el otorgarle un número lo estigmatiza como bueno, regular o malo, no solo en relación a un conocimiento, destreza o habilidad sino mas allá en cuanto que lo puede descalificar como una persona apta para la sociedad productiva. Por otra parte, la educación se realiza no como un proceso o hecho social sino más como la transmisión de información, mutilándose la creatividad y las potencialidades propias que pueden tener los estudiantes.

La imposición del número como factor o elemento que expresa una situación proviene del proceso mismo de industrialización por tanto, es el lenguaje del capitalismo. Si todo lo vemos como un numero, todo lo valoramos como una cantidad, de allí que una de las expresiones reales de esta configuración ideológica es el dinero, como mecanismo no solo, para la adquisición e intercambio de bienes y servicios sino, de un estatus social, ¿Cuanto vale o cuanto cuesta? ¿Cuánto tienes o tengo?, ¿Cuanto sacaste?, etcétera. Agregándose a ello, la búsqueda del éxito a través de lo obtenido expresado o medido en una cantidad. De allí que lo cualitativo subvierte a lo cuantitativo y lo subjetivo a lo objetivo.

El lenguaje y sus códigos, constituyen si se quiere, el recurso mas importante no solo para las interrelaciones humanas sino también como soporte de la trama sociocultural, de allí que una cosa conlleve a otras, por ejemplo, la búsqueda de una mayor nota por parte de los estudiantes hace que se pervierta el objetivo de la educación, y se convierte la nota en su aspiración y no, su desarrollo intelectual, cognitivo y creativo. Todas las vertientes que los diseños curriculares contienen, expresan una realidad dinámica pero ajustada al modelo de desarrollo preestablecido.

El lenguaje adoptado por el capitalismo es aquel que no lo subvierte, sino que se acopla a sus intereses, llama así la atención que se haya decretado desde los inicios de la industrialización, a la matemática como el lenguaje del universo; porque es el lenguaje que permite su cómoda realización.

El capitalismo desde ese punto de análisis, es racionalista, señala como verdadero o valido aquello que se adapta a su comprensión y utilidad, lo otro o lo diferente, es superfluo, innecesario o errado.

El engaño está en creer que, todo lo que promueve o difunde es correcto o, que se puede hacer sin consecuencias. Todo lo convierte en mercancía: el sexo, la educación, el matrimonio, se generó la institucionalización de la mercancía, todo lo que pueda ser útil a su dinámica de obtención de ganancias tangibles o intangibles.

Una vez escuché a una persona al responder a la pregunta acerca de cómo estaba su hija, la respuesta siguiente, "está bien, sacando las mejores notas, aunque no me habla, poco la veo, pero lo importante es que tiene un índice académico alto". Nos alegramos porque nuestros hijos e hijas saquen buenas notas, se destaquen en sus estudios aunque nos estemos desintegrando como familia, como padre, madre e hijos(as). También ocurre con los amigos o, con los espacios donde se conversa y los temas sobre los que se conversa;

ya no se tiene tiempo para el dialogo y menos para el dialogo enriquecedor, donde es necesaria la reflexión en conjunto.

Se antepone lo cuantitativo sobre lo cualitativo cuando señalamos las cantidades obtenidas en alguna actividad desempeñada, por ejemplo en la educación, interesa el numero de egresados, el porcentaje de aprobados y el promedio obtenido, el cuanto ganamos en dinero por un trabajo desempeñado, pero casi nunca nos interesamos ni por las implicaciones vinculadas a la obtención de dicha cifra ni mucho menos por la calidad, entendida como el conjunto de cualidades presentes en lo obtenido o logrado o por la felicidad que nos generó que no este representado en dinero o por cualquier aspecto desvinculado con lo espiritual propiamente dicho.

El número se impuso en el cerebro, para contar, clasificar, para interpretar, si otra forma se hubiese impuesto de manera dominante, por ejemplo los colores, interpretaríamos quizás lo que nos rodea de otra forma y por ende construiríamos otras formas de vida. Hay culturas que no tienen como patrón el número y hay personas que no saben contar pero saben pintar, escribir, cosechar hortalizas, etcétera. La sociedad capitalista cuantifica todo y, rechaza o califica como no científico o no aceptable lo cualitativo, la ciencia y la tecnología se constituyeron en su mayor realización.

La insurgencia del socialismo ante un sistema que ha pervertido la esencia de la vida misma, que no solo se apropia sino también que agota los recursos naturales vitales y, además se arropa con la cobija de la inmoralidad a través de la implantación de una falsa conciencia, es una cuestión tanto de principios como de sobrevivencia; pero ante esta situación ¿Qué debemos hacer? No se puede cambiar por la fuerza ni de manera inmediata ningún modelo cuyas raíces han llegado hasta el subconsciente del ser humano, no se puede decretar un cambio que abarca la cultura misma (creencias, costumbres, estilos de vida, modos de producir, etcétera) arraigados en un conglomerado social que dan cuenta de su idiosincrasia, es necesario llevar a cabo múltiples o diversas acciones orientadas a generar un desarrollo económico social equilibrado, crear las condiciones que se conviertan en la plataforma para la transformación desde las raíces. No se puede seguir pretendiendo que el desarrollo científico y tecnológico nos conducirá al desarrollo del país. Esta es una concepción economicista o técnicista, la ciencia y la tecnología deben orientarse según objetivos, los cuales a su vez deben estar en consonancia con un desarrollo sostenible en el tiempo y en el espacio.

Debe haber libertad con orientación, la producción se debe realizar lo más posible, de manera ecológica, creando envases biodegradables, la educación debe ser integral atendiendo no solo las necesidades físicas, materiales y biológicas, sino también las esenciales como psicológicas, espirituales, creativas o artísticas y, en interrelación con el entorno, la producción de alimentos debe ser de manera orgánica, asesorando y dando apoyo a través de incentivos económicos a los productores que se dedican a esa actividad, promover concursos u otros tipos de actividades en la instituciones de educación en todos los niveles en la áreas de cuentos, ensayos, poesía, novelas, pintura, música, escultura, artesanía entre otros, establecer vínculos de acercamiento entre las instituciones de educación y los sectores productivos de manera conciliatoria, en cuanto a generar una realimentación entre ambos sectores, al igual que con las comunidades entre otras actividades de carácter emergente, según vayan surgiendo las necesidades y atendiendo a los aspectos de la sostenibilidad, la integralidad, la justicia e igualdad en cuanto a oportunidades y derechos.

Una vez que se establezca en la población mayoritaria una nueva conciencia social, que no se logra de forma inmediata, requiere de maduración, se irán abriendo nuevas posibilidades para que el ser humano encuentre los caminos que permitan la convivencia dentro de un marco jurídico legal cónsono con un bienestar económico social no perverso ni dañino para él mismo.

Podríamos hacer todo de nuevo, exponer la belleza natural sin alterarla, envejecer con holgura, con dignidad y respeto. Cambiar los horarios de trabajo y de clases, lo cual ayudaría a disminuir las colas de vehículos, trabajar solo para la satisfacción de las necesidades reales; proteger y cuidar la fauna, la flora, la tierra, el agua, dedicar mas tiempo a nuestra familia, amigos (as), a nosotros(as) mismos(as). Tener tiempo para cultivar el amor, para pensar, analizar, para crear, encontrarnos, mirar a los demás sin desconfianza. Dormir en casas de puertas y ventanas sencillas, sin rejas, sin guardias, cultivar orgánicamente nuestra tierra para producir alimentos sanamente, conversar con los vecinos y vecinas, con la comunidad, sobre como mejorar la plaza, la calle, la convivencia u, otras cosas que nos hagan sentir orgullosas u orgullosos de nuestra comunidad, tener tiempo para disfrutar la música que enaltece y alegra el espíritu, ejercitar el respeto hacia los demás sin violar sus derechos y, muchas otras tantas cosas que hemos perdido, porque permanecemos atrapados en el simbolismo de felicidad creado por un sistema o modelo de producción económica y social o, porque nunca supimos que se podría hacer de otra manera.

En el capitalismo, la ganancia o plusvalía de acuerdo a la doctrina filosófica marxista (que analizó en profundidad tal concepto), equivale al beneficio que el capitalista obtiene por la apropiación del trabajo excedente no pagado a los asalariados.

Una vez que se lleva a cabo la producción de bienes o servicios entendidos como mercancías y, es vendida en el mercado, el dueño de los medios (capital de inversión, máquinas, equipos, patentes, etcétera.) obtiene de retorno no solo la inversión realizada sino también una ganancia extra, la cual no retorna al proceso productivo mismo sino, a la generación de riqueza.

Por otra parte, dentro de dicho esquema de producción, la privatización de los servicios, se convierte para el inversionista en una estrategia de gran ventaja en el sentido que garantiza la obtención no solo directa sino también segura, de la explotación de dichos servicios, considerados como mercancías, sobre todo en países donde no existen o, son escasos los controles o supervisiones por parte del ente estatal.

Es por ello que, cuando el Estado de un país, al nacionalizar los servicios estratégicos como energía eléctrica, telecomunicaciones, agua potable, salud, educación, entre otros, se le acusa de un Capitalismo de Estado; en el sentido de las ganancias o plusvalía que todo proceso productivo genera, convirtiéndolo a su vez en un estado fuerte económicamente.

El capitalismo ofrece ventajas para quienes de alguna manera juegan con las reglas que en este subyacen, es decir, el no tan cierto, libre juego de la oferta y la demanda arguyendo que el mercado es quien debe regular la economía. Pero el mercado no es un ente abstracto y la producción, distribución y consumo tampoco lo son. El mercado necesita de productores de bienes y servicios y necesita de consumidores que requieran satisfacer necesidades, siendo este mercado maleable en el sentido que es posible orientarlo hacia determinados productos (bienes y servicios) utilizando para ello la publicidad principalmente.

Como su objetivo principal es la obtención de ganancias, este no toma en cuenta otros elementos fundamentales como son: el ambiente o sistema ecológico, el ser humano en su connotación integral, la justicia e igualdad social, entre otros. Su atención se centra en el usufructo de todo aquello que se pueda comercializar. Solo defiende la libertad en el sentido que rechaza el control y la supervisión de todo aquello que atente contra la búsqueda de su objetivo principal. Considera la justicia como poner preso a todo aquel que cometa delitos como robo, asesinato, secuestro, atraco, es decir la justicia como sancionatoria de un hecho, pero ignora la justica social y la igualdad de derechos. El capitalismo solo ve que los seres humanos son desiguales de acuerdo a sus potencialidades o capacidades innatas pero, no considera el ambiente social (oportunidades, medios propicios para desarrollar las potencialidades) como elemento claves para desarrollarlas.

El mercado es el mecanismo que defiende el capitalismo y tener participación en este involucra una infinidad de estrategias y tácticas que se podrían equipar con la máxima maquiavélica *"el fin justifica los medios"*.

Siguiendo con lo planteado anteriormente, el objetivo del capitalismo como modo de producción económico y social es opuesto al objetivo del socialismo, en el sentido que el primero centra su atención en la plusvalía o ganancia que se genera con el proceso de producción (Consultar: Carlos Marx: El Capital) y, el segundo en el bienestar social general, es decir la producción en función de la satisfacción de las necesidades de manera directa, no superflua, ni acomodaticia.

Algunas de las razones a considerar para modificar el modelo de producción capitalista y proponer un nuevo modelo de desarrollo económico y social, donde la producción sea un elemento necesario pero no alienante del ser humano, entre otras, podrían ser las siguientes:

1. La explotación del ser humano a través de la venta de su fuerza de trabajo.

2. Las oportunidades desiguales producto del cerco capitalista para impedir que haya participación de todos de acuerdo a sus potencialidades y talento.

3. No valora al ser humano como centro del desarrollo económico y social, sino el crecimiento económico como medida principal.

4. Es discriminatorio creando estereotipos culturales.

5. Condena las diferencias culturales.

6. No protege el medio ambiente por el contrario lo contamina constante e intensivamente.

7. Carece de escrúpulos ético con relación a la pobreza, la mujer abandonada, las personas de la tercera edad y, otros.

8. Explotación de la mujer y del infante como un objeto o mercancía.

9. Rechaza abiertamente el control y la supervisión del Estado pregonando el libre albedrio sin responsabilidad por las consecuencias.

10. Se valora el éxito de acuerdo al hecho de poseer bienes o riquezas materiales.

11. Ve la pobreza como resultado de una condición humana innata o por carencia de capacidades y no de oportunidades.

12. Intenta homogeneizar la cultura.

13. Promueve la privatización de los servicios elementales para el desarrollo de la vida humana.

Estas, entre otras razones, nos interpelan para presentar alternativas diferentes para la sociedad que tenemos. Sin embargo, el dilema del socialismo está al igual que en el capitalismo, en el excedente solo que, de diferente manera. Analicemos dos escenarios:

1.   Una economía mixta, donde unos sectores sociales continuarían con la práctica capitalista de producción.

2.   Una economía social donde solo se generarían productos o bienes de acuerdo a las necesidades y el excedente se consideraría como capital social, dirigido hacia la seguridad y bienestar colectivo.

En ambos escenarios se presentarían contradicciones en el sentido que en el primero, coexistirían dos sectores de producción donde el sector que produce, sin obtener ganancias buscaría por la propia dinámica de producción, trabajar o insertarse en donde si se genera esta, si hay las posibilidades de hacerlo.

En el segundo, se acudiría a la conciencia social, que de acuerdo a la corriente de pensamiento marxista, como producto de las condiciones materiales de existencia, combatiendo la falsa conciencia producto de la alienación ideológica, promover la idea de la producción para la satisfacción de necesidades y bienestar general sin obtención de ganancias pero, la creación de una conciencia social no alienada, es un proceso complejo que rebasa el planteamiento marxista, en el sentido que involucra una infinidad de factores, una dimensión y, un nivel de profundidad grande, que aun falta mucho por alcanzar.

Con el primer escenario, comulgarían las apetencias individuales de obtención de ganancias por el esfuerzo productivo y, sería imán o atractivo de diversos contingentes de profesionales egresados de las universidades en las diferentes ramas del conocimiento que buscarían insertarse como beneficiaros de dicho sistema de producción.

Con el segundo, la ganancia que es el excedente que se genera por la actividad mercantilista de venta del producto en el caso que se hiciera de esa manera, podría ser reinvertida en seguridad social y servicios (hospitales, educación, vías de comunicación terrestres, infraestructura, entre otros) lo cual garantizaría una calidad de vida pero, ¿Cómo se motivaría a las personas a trabajar día a día para producir determinado bien, obteniendo por ello solo una retribución económica? el sueldo o salario tendría o cumpliría la misma función que en el sistema capitalista, quedando en desventaja ante quienes si obtienen ganancia, por una parte y, por otra, siendo los beneficios sociales iguales para todos ¿Qué los motivaría a trabajar o a ser productivo, cuando lo podría hacer cualquier persona, diluyéndose el compromiso social?, es decir, se perdería el motivo principal de la producción. El ser humano no solo vive, sino que crea, transforma, erra, tiene sueños, ideales, busca mejorar sus condiciones de vida, donde pueda desarrollarse plenamente, como ser pensante, productivo, creativo, etcétera, ¿Cómo se daría satisfacción a esas cualidades inherentes a la naturaleza del ser humano?.

Así mismo, la producción es un proceso de transformación que requiere la participación de diversos elementos (tiempo, capacidad, insumos, capital de inversión, maquinarias y equipos, mantenimiento de infraestructura, entre otros), es decir, se realiza con la participación de una cadena de elementos o factores. El que provee la materia prima, el que provee los insumos, la vida útil de maquinas y equipos de acuerdo al mantenimiento, el tiempo de producción, la capacidad e innovación del proceso para la reducción de costos, para disminuir los desperdicios que todo procesamiento manufacturera genera, la contaminación, etcétera; es decir todo proceso de producción está ligado a otros procesos, ninguno se da de manera aislada, ya sea en capitalismo o en socialismo.

Cuando se plantea una producción solo para la satisfacción de necesidades y creación de bienestar general, sin generar excedente, sin retorno de la inversión, se desvirtúa la esencia del trabajo mismo, en el sentido, que no favorece la motivación al trabajo creador por una parte y, por otra limita al ser humano a esperar que otros seres humanos satisfagan sus necesidades, considera al Estado como proveedor de alimentos, vivienda, salud, educación y, el Estado representado por personas que perciben un sueldo por una función estatal que cumple o, no. Por otro lado, las necesidades van mas allá de la satisfacción fisiológica y material, es una dimensión que tiene que ver con las realizaciones personales y al no ser atendidas, se estaría creando un vacio tan grande en el sentimiento humano que no es posible determinar a priori las consecuencias que esto puede ocasionar, sobre esto se deben consultar las cifras de la Organización Mundial de la Salud (OMS), sobre los altos niveles de suicidio actualmente en países como Suecia, Japón, Cuba, Argentina, Colombia, sobre todo en la población joven.

En el socialismo, al ser satisfecha las necesidades básicas (si es que son satisfechas) los individuos irían perdiendo la necesidad de mejorar, de cambiar, o de transformar lo existente porque se impone la costumbre a lo existente y, en el caso de intentar lo opuesto a esto y no existir las condiciones o el sistema político económico para hacerlo se llega a la frustración. El socialismo no resuelve tampoco la complejidad del ser humano, su esencia de búsqueda de respuestas, sus anhelos y sueños, en este tipo de organización tiende a imponerse el criterio político de justicia social, por encima del criterio de la complejidad del ser humano.

Con este planteamiento no se busca proponer una panacea a los conflictos existentes en el mundo, pero si se debe reconocer que, ninguna de las propuestas hasta ahora realizadas, unas enmarcadas dentro de una filosofía marxista hacia el colectivo y la otra en una filosofía individualista de libre mercado, como alternativas que no han dado respuestas a los males de la humanidad, la primera por trabajar con bases irreales es decir no concretas en tanto que colocan como argumento de este modelo las bases comunitarias o comunas cuando sabemos que estas no existen como tal, en todo caso lo que hay es familias o grupos sociales pero la mayoría de la gente en esta época no esta organizada como comunidad y en algunos casos donde éstas funcionan su principal objetivo por lo general es de tipo económico, por lo que el ser colectivo en ese sentido no es tal, sólo lo es en la medida que convive con otras personas en un espacio geográfico especifico pero que no mantienen entre ellos lazos de compromiso, ni solidaridad, sólo en casos cuando se trata de tapar unos huecos en el asfaltado, mejorar el servicio de electricidad, e infinidad de acciones que no son propias de una cultura propiamente dicha sino de una necesidad de tipo técnica, administrativa o meramente material, pero el ser humano en su complejidad va mas allá de ser un simple sujeto económico. Por el otro lado, la respuesta dada por el capitalismo en cuanto que promueve un tipo de individuo único aunque se fundamenta en la cultura de masas, es decir trata de crear y mantener una cultura homogénea con el fin de poder llevar a cabo sus fines económicos, ha hecho del individuo un simple consumidor y no un sujeto histórico, negando así la propia esencia humana o cualidades inmanentes debido a que centra su atención más en la mercancía y no en el sujeto de la mercancía, deteriorando o no atendiendo las necesidades del ambiente, ni del propio ser humano.

En ambos se da una anulación del individuo, pero de diferente manera, en el capitalismo, al ser desigual por que los recursos existentes son privatizados en su mayoría, solo unos sobresalen y tienen oportunidad de desarrollarse, dependiendo la diferencias si se trata de un capitalismo en un país democrático desarrollado o de una capitalismo en un país subdesarrollado (capitalismo dependiente). En el socialismo prevalece el colectivo por lo tanto el individuo deja de ser como tal, se imponen las necesidades humanas sobre todo aquellas de tipo no material, que no tienen concreción física, y en casos de socialismo comunista prevalece una figura que funge de líder, persona o grupo que busca dirigir el destino de toda una población, negando la verdadera esencia del individuo, su unicidad, diversidad cultural y diferencia genética, que lo hace apto para unas actividades con respecto a otras.

Aunque en ambos casos es incorrecto generalizar porque caeríamos en un paroxismo teórico que no nos lleva a ningún lado, en estos tipos de análisis y reflexiones se debe ser conmensurado en lo posible para evitar así una cierta idolatría perniciosa que nos ciega impidiendonos ver la riqueza de elementos que posee la especie humana, que nos coloca en el nivel superior de inteligencia con respecto a otros seres vivos.

Por otra parte, ¿Qué pasaría al encarecerse los costos de la materia prima, como realmente suele ocurrir?, ¿Si los insumos se encarecen o no se consiguen, por alguna razón? ¿Habría posibilidad de contar con los elementos que se requieren para seguir produciendo? ¿Sería posible su continuación en el tiempo de dicho modelo de producción?, esas y otras serían interrogantes a realizar con la finalidad de buscar o plantear alternativas para su viabilidad.

También debemos preocuparnos por que no se siga destruyendo el medio ambiente a nivel mundial como viene ocurriendo con el amazonas el mayor y único pulmón vegetal que posee el planeta tierra, con la extracción de minerales preciosos como el oro, la tala indiscriminada de bosques, la contaminación de las aguas por químicos en la producción de drogas ilícitas, entre otros y señalar como excusa que el capitalismo destruye con la industrialización mediante la emisión de dióxido de carbono a la atmosfera, en todo caso el asunto no es que modelo económico está produciendo tan evidente y perjudicial daño ecológico que pone en riesgo la vida sobre el planeta, sino el detener ese tipo de acciones llevando a cabo controles estrictos para que no continúe ocurriendo, controles que se deben ejecutar para evitar la destrucción del planeta en el cual vivimos.

Un modelo de desarrollo económico y social diferente al modelo capitalista que hasta ahora hemos tenido, que aunque ha dado bienestar y desarrollo al ser humano en sentido general, pero que también ha esclavizado y condenado a la gran mayoría a la miseria y la muerte por el hecho que, lo que se busca es la ganancia, y no la satisfacción de necesidades, es necesario resolverlo, pero ¿Como hacerlo? es la cuestión imprescindible de estudiar.

Reflexionemos: una vida mejor es posible, un mundo más humano es posible, un ambiente mas sano es posible, una educación liberadora es posible, caminar por el barrio en las noches, es posible, amar es posible...

Dejar las cosas como están es permitir que todo transcurra de la misma manera, es no provocar cambio social ninguno, lo que trae como consecuencia que la vida social fluya aparentemente como algo natural, espontánea, ocultándose los factores o elementos intervinientes, intencionales o no, propiciándose el conformismo que es alimentado mediante varios mecanismos principalmente a través de los mensajes transmitidos por las diversas fuentes como son los medios de comunicación e información, el tipo y contenido de la educación que se tenga en un país, los mensajes de los lideres políticos y otros (sacerdotes, maestros, jefes, gerentes, etc.) que ejercen funciones de emisores de mensajes sociales o colectivos.

¿Cómo hacerse para construir un modelo de sociedad mejor? Es la pregunta principal, el ¿Qué? es fácil señalarlo, porque tiende a ser evidente, se debe partir del diagnóstico participativo y colectivo donde cada uno se descubra como ser social en interrelación permanente con los otros sus congéneres. El ser humano es un ser colectivo hasta tanto no se reconozca así mismo en el otro, como miembro de una misma comunidad.

No se puede construir una sociedad de la nada, tampoco transformar una cosa por otra solo por desearlo, primero se deben crear las condiciones concretas o reales no solo de forma sino también de contenido. Siempre la praxis va por delante de la teoría, en este sentido habría que trabajar sobre la praxis y la teoría en forma conjunta, no separada.

Por otro parte, la cultura de la corrupción y la explotación ha impregnado todos los ámbitos donde se desarrolla la convivencia humana, es decir no solo existe la explotación económica del trabajador por el patrón de una fabrica, también se da la explotación en otros espacios, como por ejemplo, en el núcleo familiar cuando el padre, la madre o cualquier miembro de la misma explota a los otros miembros debido a su mayor capacidad o por ser el proveedor de los recursos como alimento, vivienda, vestido u otro, este tipo de explotación es también vertical de arriba hacia abajo, siendo su forma política o ideológica de organización no democrática. Explotación que se da la mayor parte de las veces de manera solapada o encubierta, las personas no perciben lo que ocurre o lo aceptan como algo natural por el tipo de interrelación establecida entre sus miembros.

Otro ámbito donde se da esta explotación y enajenación es en la escuela por parte de los docentes con sus alumnos al considerarlos en un plano de inferioridad como los que no tienen conocimiento, se establece una relación de dominación vertical y no horizontal o democrática, esto ocurre especialmente por la ventaja que el docente tiene sobre el alumno al ser el primero el que otorga la nota de calificación de éste.

El ser humano es tanto racional como emocional, cuando actúa en los extremos es proclive a cometer injusticias y errores permanentemente en sus acciones, por ello se debe buscar siempre el equilibrio para después no encontrarse envuelto en una situación no adecuada porque no se trata de un criterio o de un punto de vista, de lo que se trata es, de la sobrevivencia de la especie humana sobre el planeta, ni de si nos gusta o no, estemos de acuerdo o no, y mucho menos de ser indiferente ante tan importante problema, señalar como excusa que mientras unos viven con comodidades y otros no, no tiene fundamento, la vida de todos pende de un hilo y hasta tanto no cambiemos, no tengamos otra mirada, otro lenguaje, otra actitud ante la vida, esta se quebrara y no habrá vuelta atrás al menos no para esta generación.

REFLEXIONES II

El colectivo no tiene concreción real,
es una estructura anónima mientras
que el individuo, es lo que existe.
Si se planifica solo en función del colectivo
sin el individuo, se estará amenazando
su propia existencia.

La irracionalidad se puede mantener en pie
cuando se cobija bajo el artilugio de las armas.

Cada época tiene su encanto, tiene sus estructuraciones
que la caracterizan y dan forma.

Un sistema social que no brinde la posibilidad de realización,
del desarrollo de las potencialidades vuelve al ser humano
un miserable carente de sensibilidad.

Que hemos hecho de este mundo, un lugar donde cuesta vivir,
donde todo tiene un precio, donde convertimos al dinero
en un fin y no en un medio

¿Acaso son más necesarios el oro o los diamantes
que el agua y el aire, para la vida?

No sucederá ninguna revolución si solo se concentra en lo material,
las verdaderas revoluciones tocan lo mas hondo del ser humano,
su conciencia y espíritu.

PARTE II: La Conciencia Social

La Formación de la Consciencia Social

La consciencia se forma a través de una diversidad de aspectos de orden cultural primordialmente, a partir de la interrelación de diversos elementos (formales e informales) confluencia y decisiones que se toman, en un espacio y tiempo determinado; como un proceso en permanente cambio, de carácter multidimensional, no sujeta ni condicionada de manera directa o taxativa, por lo contrario, su naturaleza multidimensional se transforma, dependiendo de los factores que ejercen presión continuamente para encaminar una dirección cultural (política, económica o, de otra índole).

En el proceso de la consciencia social e individual confluyen de manera asimétrica, irregular, o no uniforme, diversos aspectos que a su vez actúan de diferentes maneras y niveles de profundidad y, en espacios y tiempos disimiles; es decir, que la consciencia social no es el resultado de un conjunto de elementos, sino mas bien una acción constante o un proceso permanente, en el sentido que siempre está en movimiento, como un fluir de elementos, que a su vez son también dinámicos y cambiantes, pero dentro de un marco cultural e ideologico general.

Las formas como se expresa la conciencia son complejas y a veces se presentan o conforman de manera ambigua; tal es el caso, cuando se manifiesta un sentimiento o acción a favor del ambiente pero de rechazo en relación con los seres humanos que son parte del ambiente.

La conciencia social se refleja en las formas como nos organizamos para la vida individualmente y colectivamente, refleja nuestra cosmovisión del mundo, la cual está a la vez relacionada con las condiciones o condicionantes de la existencia, con lo que se ha establecido como regla o norma y es aceptada de manera conforme o disconforme.

La aceptación sin disensión se torna un agravante puesto que crea un espejismo de bienestar por una parte, y por otra puede crear un círculo cerrado alrededor del que se promueve la aceptación de determinadas convicciones.

La conciencia social creada a través de acuerdos sociales, donde lo político se expresa como un medio o instrumento para generar bienestar colectivo.

Conciencia social y conciencia política se pueden conjugar sin necesidad de que haya imposición de unos criterios sobre otros, los mecanismos de participación deben ser iguales para todos los que ejecutan o deseen ejecutar acciones de gobierno.

La consciencia en su carácter social o colectivo, no existe o, no tiene concreción real porque es y, no puede ser de otra manera, amorfa; sin embargo, se puede presentar en el quehacer diario o cotidiano en un plano que puede definirse como un plano aparente de la consciencia y, es cuando la apariencia predomina sobre la esencia, creemos o pensamos que una situación es así por una u otra razón o, porque existen mecanismos para crear una ilusión o creencia y lo aceptamos como conocimiento verdadero o válido, sin considerar otras alternativas posibles para dicha situación o, sin desentrañar las condiciones que mantienen la aceptación de dichas creencias.

Cuando la consciencia se ubica en el plano de la apariencia, los análisis que se hacen acerca de los aspectos de la realidad social no llegan a ser ciertamente profundos en cuanto a su esencia.

Conciencia ambientalista: se refiere a esa conexión que se establece con la naturaleza, expresiones como cuidar, proteger, salvaguardar la naturaleza surgen de este tipo de conciencia que no necesariamente se desarrolla al unísono con otros tipos de conciencias.

Conciencia sexual: se expresa como la conexión entre responsabilidad y respeto hacia la actividad sexual y, con todo aquello que tiene que ver o esta relacionado con dicho aspecto, el sexo como actividad para la reproducción o para el placer.

Se puede hablar también de anti conciencia, seudo conciencia o falsa conciencia, teniendo cada una sus propios mecanismos de ejecución.

La anti conciencia es cuando nos enfrentamos, rechazamos, ignoramos nuestra propia esencia dialógica con el ser que somos, es decir nos ponemos en contra de la vida misma, la propia y la de los demás, teniendo conocimiento sobre nuestro ser, lo rechazamos; presentándose como una situación atentatoria, fatalista o de crueldad. A través de este tipo de conciencia se llega a cometer actos sumamente agresivos en algunos casos de manera fría es decir, sin remordimiento alguno llegándose a considerar como algo normal, es el valor de la muerte sobre la vida, de la negación, del caos social, no acepta normas, ni pautas culturales explicitas. Algunos movimientos contracultura se desenvuelven con este tipo de conciencia o anti conciencia.

Se habla de falsa consciencia cuando nuestra ideología esta distorsionada en relación con nuestra identidad cultural o realidad social, pudiéndose hacer referencia a diversos niveles de consciencia dependiendo de la relación entre la ideología (cosmovisión) y nuestra realidad o situación de vida.

El lenguaje a su vez como parte de la ideología conforma con este, una condición que se crea e influye mutuamente, es decir, no se pueden separar. El lenguaje como proceso y producto cultural es una vía para desarrollar un nivel de consciencia o un tipo de ideología, en el sentido que éste conforma un medio para percibir, sentir, analizar e interpretar nuestra situación o realidad económica, social, o cultural. La consciencia como resultado de ese proceso y mediante la formación ideológica se podría estudiar o comprender en distintos planos o niveles sin ser estos excluyentes, sino por el contrario influyéndose mutuamente.

Interviniendo los elementos educativos (formales e informales), religiosos, informativos, políticos, económicos, científicos y tecnológicos que conforman la cultura.

Siendo los elementos políticos, educativos, informativos y económicos los que principalmente convergen para conformar un nivel de consciencia específico en una sociedad, teniendo como medio o recurso principal el lenguaje en todas sus manifestaciones.

El lenguaje como proyección hacia adentro y hacia afuera del pensamiento, en la interrelación intra y extra sensorial e intelectual.

Percibimos, sentimos, analizamos, interpretamos, cuando nos comunicamos con nosotros mismos, con los otros y con el entorno físico, ambiental o natural. El lenguaje fluye de ese vaivén de pensamientos diversos en nuestra mente que constituye una construcción sociocultural para la comunicación e intercambio de ideas o, para ejercer un tipo de dominación y control porque casi nunca es un leguaje para la liberación del o de los otros.

Es decir, que el lenguaje, al igual que la ciencia, la tecnología o el conocimiento pueden ser utilizados para ejercer control y dominación sobre un individuo o colectivo, busca crear un tipo de ideología o creencias ideológicas, de aceptación, conformidad, rechazo, indiferencia u otro.

Los códigos lingüísticos como signos y símbolos son muy diversos e impregnan la vida social en todas sus expresiones, actúan como la corriente de un rio, todos nadan en sentido del correr de las aguas, porque el cauce es prefijado de acuerdo a ciertos patrones que no son explícitos o dados a conocer, pero tampoco son absolutamente conscientes es decir, se ejecutan y de acuerdo a los resultados se mantienen o son cambiados.

Por ejemplo en un salón de clases (un aula) participan no solo los actores principales del proceso educativo sino también una diversidad de elementos que se influyen de diferentes maneras; están el docente y los alumnos. Cada uno diferente, biológica o genéticamente, aunque todos dentro de unos patrones culturales generales y patrones subjetivos o individuales.

El docente como parte de un sistema de educación preconcebido, a través del diseño curricular, se encargaría de transmitir unos significantes a los alumnos los cuales deben aprender, es decir, darles el significado esperado. Ese diseño curricular expresa la filosofía del Estado que se tenga, que a su vez es expresión de la constitución nacional de ese país

En el diseño curricular de educación esta implícito por ejemplo, la igualdad, pero, en el salón de clases no hay igualdad de condiciones, está el docente que es quien se supone enseña y están los alumnos quienes se supone son los que aprenden lo que el docente enseña, acerca de un contenido programático (de cualquier área del conocimiento).

Su realización es mediante un código lingüístico elaborado culturalmente, tiene una dimensión social pero también una dimensión individual cognitiva o intelectual.

Por medio del lenguaje como medio de expresión oral, escrita, visual u otro tipo, se proyecta una ideología pero ésta no se asimila de manera lineal y a veces ni siquiera se adopta por parte de los alumnos en este caso, deben o existen otros elementos de diversa índole que hacen que la misma sea adoptada o no.

Todo tiene que ver con todo, en menor o mayor medida, hasta una palabra colocada en una oración o frase de un texto oral o escrito, altera el sentido, por ejemplo en un mensaje social proveniente de un líder (un gobernante, un profesor, un cura o pastor religioso, una madre, un padre etcétera) donde cuenta tanto el perceptor de esa frase que, con su carga valorativa interpreta un contenido y el contexto sociocultural donde se produce y difunde la emisión del mismo, con respecto a lo cual es muy necesario una nueva educación no solo centrada en el conocimiento por que de esa manera se mutilan todas las potencialidades que el ser humano posee, esta debe abarcar un gran complexo de actividades o programas que atiendan todos las posibilidades de desarrollo del ser humano en relación con el ambiente o medio natural, con diagnósticos permanentes de las consecuencias negativas que cada acción pueda traer a la vida, exaltando las que contribuyan positivamente a mejorarla en forma armoniosa o equilibrada posible, para lo cual se deben establecer mecanismos explícitos de sanción para aquellos casos que violenten la esencia de una educación creativa en consonancia con la preservación de la vida.

Si continuamos actuando sin limite en todos los campos o áreas científicas o tecnológicas principalmente, en sentido contrario a preservar las especies sin tener un control sobre ello, seguiremos atentando con nuestra propia vida, aceptar que la ciencia no tiene limite y trasgredir la vulnerabilidad de la vida, es como aceptar que somos suicidas y homicidas, que no somos capaces de superar la fragilidad de la vida, su vulnerabilidad y con humildad utilizar la inteligencia en pro de nuestra existencia, sin desestimar que se debe proseguir luchando ,mediante todas las herramientas para mejorar lo que tenemos, nunca en sentido contrario.

Es importante que haya líderes no solo letrados, no solo científicos, no solo políticos, sino humanos, humildes, con escrúpulos y sobre todo sencillos que puedan iluminar los caminos de los destinos de un país con sabiduría.

Los Planos de la Realidad

Por otro lado se puede analizar la realidad social a partir de la metodología de los tres planos a saber:

El Plano del Deber Ser: Es un plano idealista o filosófico, opera a nivel de la construcción de los conceptos que, a través del análisis e interpretación sobre la realidad social, económica y política hacemos, son así, los fundamentos filosóficos que se exponen principalmente en los documentos de orden jurídico (constitución, leyes, reglamentos, entre otros). Toda interpretación teórica que hacemos acerca de la realidad y de las maneras como nos organizamos para convivir, producir, trasmitir la cultura, etcétera, forman parte de este plano filosófico.

Cada persona es diferente en su percepción e interpretación de lo que le rodea. Somos diferentes genética o biológicamente, pero iguales como ser social, es decir en cuanto a leyes, deberes y derechos de manera normativa o taxativa. En una sociedad se supone se goce de los mismos derechos sociales, políticos o de otra índole (normativamente) pero cada uno, posee un esquema particular de interpretación formado por distintas vertientes, por medio del cual nos interrelacionamos unos con otros. Ningún esquema de relación es mejor o superior a otro, cada uno obedece y da respuesta a contextos o situaciones específicas, cada uno mediante un rol social que se ubica en el deber ser, pero que en la práctica puede haber un abismo entre el concepto y la práctica. Por ejemplo, si se revisan los principios normativos o establecidos para el rol de educador y, revisamos la ejecución o puesta en práctica del mismo, se observa una distancia abismal entre lo normado y lo ejecutado. El rol aparece ante todos como el patrón a seguir, está ubicado dentro de normas, reglamentos, costumbres, tradiciones, valores, etcétera, de manera implícita e explícita, mediante un acuerdo tácito o explícito de un grupo humano a fin de llevar a cabo la convivencia. Sin embargo, este acuerdo no significa que sea cumplido a cabalidad, que no hubiese la presencia de conflictos, que permanezca estático e inmutable. Por el contrario, las necesidades humanas van en crecimiento, de allí que lo normativo pierda vigencia constantemente y rápidamente en la medida que surjan nuevas necesidades, nuevos intereses, nuevas interpretaciones o realidades.

En este plano se ubican las personas que persiguen ideales a veces utópicos, que no parten de cómo es la realidad sino de cómo debería ser y desde allí hacen sus planteamientos y argumentaciones. Idealizando la educación, el matrimonio, la amistad, etcétera, de allí el primer obstáculo para comprender el hecho en su esencia real.

El Plano de la Apariencia: Es lo que creemos que es, es artificial, virtual, aparente, es un montaje de la realidad. La publicidad se mueve en este plano, y muchas personas y fenómenos sociales se manifiestan de esa manera aparencial. Es un plano irreal, pero cierto, es decir real, acontece ocultando lo que es. Nos hace creer algo que realmente no es, pero que de igual manera existe y corresponde a comportamientos sociales de todo tipo. Este plano de interpretación de la realidad ubica al ser humano como masa, consumidor y no histórico o creador de su propia historia. Es donde intervienen una serie de prenociones, prejuicios, refranes, folklor, es decir toda una industria cultural y popular que no solo crea y recrea la realidad social sino también que la legitima. Es el plano donde no existe la conciencia social o donde existe como lo planteo Karl Marx, el fetichismo a la mercancía, donde gobierna la industria cultural propiamente dicha. Los medios de información en algunas sociedades constituyen abiertamente instrumentos de dominación ideológica, hacen creer, que informan y que educan, informando y educando de acuerdo a los intereses o conveniencia de los intereses de los grupos dueños de estos medios. Ninguno es ascético o neutral. Trabaja con un código elaborado pero accesible a las masas consumistas, que son su objetivo. Nos envuelve con el discurso de la libertad e igualdad, pero utiliza conceptos parcializados para explicar un hecho. Aunque el código para la trasmisión de mensajes es restringido en cuanto a la profundidad del análisis realizado, es elaborado en cuanto a la forma y de allí que sea engañoso, cumpliendo casi siempre su objetivo. Aunque en muchos casos estos medios de información no son autónomos sino por el contrario desarrollan un eje informatico supeditado al control estatal, quien en algunas sociedades es el que lleva la batuta en la ideologización del colectivo.

El Plano del Es: Es el plano de la realidad, lo que realmente ocurre, que no se puede conocer de manera inmediata o directa, para hacerlo se debe hacer investigación seria y profunda acerca de los fenómenos. Es donde se ubica la investigación científica como tal, pero que está condicionado a la vez por el paradigma científico e histórico cultural predominante.

Por otra parte, la realidad de cada uno, es su experiencia diaria cotidiana, impregnada de su manera de ver (comprender) el mundo (su entorno político, económico y cultural), en su interrelación con los otros, pero a la vez somos constructores de nuestra realidad inmediata, de nuestra cotidianidad

Se podría hablar también de un plano creativo que tiene que ver con lo que somos capaces de crear, nuevas ideas, planteamientos, enfoque, etcétera, es decir es el plano de la irreverencia donde nos expresamos de acuerdo a nuestras propias elaboraciones o elucubraciones. Es cuando producimos arte, poesía, pintura, etcétera, es el plano de la creatividad.

Las Acciones y sus Consecuencias

La naturaleza tiene su propia dinámica, su propio proceso, es autónoma porque posee sus propias reglas, que están por encima de nuestro interés de dominarla y someterla, aunque por la sola razón de estar y ser parte de ésta, la influenciamos de alguna manera, en forma negativa o positiva pero nunca neutra, los terremotos, los tornados, las tormentas eléctricas, una flor en medio del desierto, seres humanos con malformaciones congénitas o adquiridas y, muchas otras manifestaciones que podrían estar relacionadas con nuestra intervención negativa sobre esta; la naturaleza responde a las agresiones de una u otra manera, también a las actuaciones positivas o intervenciones de protección y resguardo como la reforestación, el cuidado de los arboles, la sana alimentación, el uso de los recursos, entre otros, lo cual se puede percibir en un primer momento como una interacción o simbiosis entre la naturaleza y la acciones de los seres vivos especialmente de la especie humana.

Sin embargo, es sorprendente como suceden situaciones que a simple vista no pareciera tener una causa o causas sino que, aparentan ser el resultado de la misma energía que contiene el universo, en su constante movimiento y cambio, en una especie de danza que aún no se ha podido comprender en su totalidad. Pero esta ahí, ocurre, no depende de que estemos nosotros o no, ni de nuestro permiso, es el universo actuando por si mismo. La acción del universo y nuestras propias acciones parecen estar disociadas entre si, no tener encuentro, de allí que muchas acciones que hacemos en beneficio de la humanidad no lo sean para la naturaleza, porque no actuamos considerando esta interconexión.

El Miedo Social

Los seres humanos preestablecemos los esquemas sociales bajo los cuales desarrollar la existencia, los cuales se mantienen como sistemas abiertos de vida, que luego se van institucionalizando en el transcurrir del tiempo en la cultura al irnos acostumbrando muchas veces, sin darnos cuenta ni siquiera de cómo ocurre este proceso. Se conforman las estructuraciones que luego se vuelven autónomas e independientes del individuo, moldeando el comportamiento y la vida social, llegando a tornarse tan propia que no se puede distinguir entre lo que es normal para el grupo, de lo que no lo es, sucede en la mayoría de los ámbitos, especialmente en lo que respecta al poder, se estableen relaciones sociales de poder y dominación ideológica que no es fácil de percibir por los miembros del grupo, de la comunidad o de la sociedad en general, aceptándose dicha estructuración como la valida, posible o real. No se cuestiona en sus raíces porque se fija como cierta, verdadera o legitima. La configuración sociocultural preestablecida se coloca por encima del individuo aunque no lo agota, es decir siempre el individuo existirá como ser único y universal, potencialmente creativo e inspirador de cambios sociales significativos para el mismo grupo, comunidad o sociedad.

Muchas parejas heterosexuales que mantienen una relación sin amor, solo por el hecho de que se comprometieron en alguna etapa de su vida, prefiguraron una convivencia junta y a partir de allí continuaron porque llegaron los hijos y hay que cumplir con la expectativa de ser responsables con su educación para la sociedad en que vivimos, no para ellos pareciera que ellos(as) no cuentan, que no trajeran consigo una semillita que muchas veces es pisoteada apenas comienza a salir a flote, tratamos en todo lo posible a no alimentar aquello que nos parece esta fuera de orden con lo preestablecido y desde ese momento estamos siendo unos asesinos de la creatividad de ese niño(a), lo sometemos a la escuela heredada, buscamos la mejor escuela para que tengan una educación completa y sean luego profesionales exitosos, no nos preocupamos por que sean personas felices, seguras de si misma, libres para amar, ser, pensar, existir y desarrollarse en lo que mas le gusta. Queremos que sea ingeniero, medico, abogado, alguien que sea reconocido por los demás y pueda ser económicamente independiente. Medimos su éxito de acuerdo a sus ingresos, no a su felicidad, eso es para tontos(a), dicen algunos, el dinero me hace feliz porque me hace tener acceso a bienes y servicios que solo es posible tener cuando se tiene una cuantiosa cuenta en el banco, sino serás en la sociedad del dinero no solo un(a) pobre diablo(a), sino además te veras en las mas difíciles situaciones cuando enfermes y tengas que recurrir a un centro hospitalario, donde tendrás que esperar horas para que te atiendan a menos que tengas un contacto adentro, sino te toca esperar no solo por la cantidad de personas que también esperan sino también por las condiciones hospitalarias donde los médicos a pesar de su esfuerzos son también arrollados y sumergidos dentro de unas organizaciones sociales laborales y culturales alienantes por una parte y humillantes por otra. No hay satisfacción laboral cuando se tiene que exceder en las horas de trabajo para obtener un poco mas de dinero, para poder costear su existencia. Es la vida de todos(as), la sociedad del dinero nos sumerge, nos atrapa, nos esclaviza.

Parejas que no se aman o por lo menos no en el sentido aquí expresado, y sin embargo permanecen juntas pensando siempre en escapar de esa relación pero sin valor para hacerlo por las implicaciones sociales impuestas y prefieren ser infelices o fingir ser felices delante de las otras personas, de los hijos(as) a fin de poder lograr la realización que consideran debe ser. Y a si se someten a la costumbre y a la necesidad de no poder hacer otra cosa porque se sienten incapaces de asumir su vida.

Hay también parejas o personas homosexuales, no promiscuas, el hecho que una persona sea de una tendencia sexual no significa que este dispuesto a tener sexo con diversas personas, también estas personas se enamoran de alguien y muchas veces sufren por ello, al no aceptarse primero y vivir fingiendo lo que no es, porque hay aun sociedades que cuestionan este tipo de relación, y prefieren fingir y hacer lo que está cultural y socialmente aceptado. Muchas de estas personas llevan una doble vida, ellos(as) mismos(as) se cuestionan pero no pueden evitar sentir lo que sienten porque no es algo racional, el sentir es biológico, emocional, pero por temor social no se reconoce y se prefiere vivir y aceptar los conceptos socialmente preestablecidos, entonces si se tiene una pareja se trata de ocultar la relación existente, se vive a escondidas, igual que los amantes heterosexuales que están casados(as) y prefieren ser infiel que aceptar una realidad sentida.

Y así somos victimas pero a la vez victimarios de una realidad que nosotros mismos hemos creado y alimentado. Creamos el monstruo al estilo frankenstein y después nos hacemos sus esclavos, le tememos, nos gobierna. Porque no nos sentimos a gusto con la libertad, no sabemos que hacer con ella. Nos angustia pensar que seria de nosotros(as) sino tenemos alguien con quien tener una relación de sometimiento de algún modo, no de liberación.

Vivimos en la forma, en una máxima vanidad, hemos perdido la capacidad de saborear el contenido, saborear la vida que no es solo acumular bienes, contar con los servicios públicos, tener un trabajo, una casa, una familia, la vida que está allí en cada momento, en cada sabor, en cada rostro, en cada ser vivo, en el aire, en el suelo, en todo fluyendo y nosotros con ella fluyendo en una fusión armónica pero no lo vemos, no lo percibimos porque hemos perdido la capacidad de hacerlo, la forma se impuso, gobierna nuestros sentidos, estamos atrapados en su predominación.

El vacio que nos deja la relatividad, donde todo ha perdido su verdadero sentido, nos lleva a pensar que las cosas son así porque no podemos ver que podrían se de otra manera, porque la capacidad de crear nuevos modelos para el desarrollo de la vida se subsumió en el armario de nuestro subconsciente y de allí no ha podido salir y quizás no lo haga porque no están dadas las condiciones para que esto ocurra, no nos dimos cuenta del fallo y el modelo virtual de vida en el que estamos inmersos nos arropa y nos obnubila la reflexión, pero no se trata de volver al pasado, porque eso no es posible.

En esta época de la postmodernidad como se le ha denominado, los seres humanos vivimos y estamos a la expectativa, esperando que algo o alguien resuelva nuestra vida, expectativa cíclica y recurrente, estamos mas abiertos a la relaciones y vivencias pero hemos perdido la brújula o el camino, nos concentramos solo en la vida material en la satisfacción de la necesidades reales o creadas y desde allí establecemos nuestras reflexiones, en función de poder darle satisfacción pero de una manera extremadamente sacrificada, el precio que pagamos por ello es alto, la salud es uno de ellos, la paz, la tranquilidad, entre otras. Hemos olvidado que el ser humano no se puede fragmentar es decir que, es un todo, que sus necesidades no son solamente físicas, son también psicológicas, espirituales, y de diversas índoles, porque a la final ser integral es una condición innata y cuando nos dedicamos a una sola esfera de nuestra vida las otras pasan al olvido o al desconocimiento.

Nos da miedo vivir, vivimos con temor, con desconfianza hacia los otros(as), nos engañamos a nosotros mismos e intentamos engañar a los demás, porque nos da terror ser descubiertos en nuestros sentimientos, en nuestros errores, hacemos muchas cosas para ocultar lo que nos delata, nuestro propio yo, en lo que creemos, lo que deseamos, lo que sentimos, fingimos que vivimos y no somos capaces de vivir lo que sentimos, lo que somos, como somos, sobre todo en el sentimiento mas grande como es el amor, el sentirse atraído por otra persona y realizar con ella momentos de verdadera felicidad, sentirse uno(a) al otro(a), amarse hasta que dure, sin esquemas preestablecidos, la felicidad no tiene un patrón único ni insalvable, cada uno(a) posee la llave de su felicidad, esta no es externa a la persona, se construye desde la persona hacia afuera y de afuera hacia adentro en un feed back, en una comunicación y comunión biunívoca. El amor es la fuerza, es fluir, es discurrir de energías y sentimientos que nos envuelven en una onda de magia pura, pero somos ciegos a su realización, nos empeñamos en cumplir esquemas impuestos por la sociedad donde vivimos, es el miedo social que nos inculcaron desde niños(as), nos presentan los esquemas culturales preestablecidos y nos coartan la libertad de descubrir nuestro propio camino.

REFLEXIONES III

Para poder ver el bosque y los arboles, uno a uno,
hay que mantenerse independiente,
que no quiere decir imparcial, ni indiferente.

El tiempo cuenta, pasado, presente y futuro;
cada uno es una dimensión diferente aunque todas
se concibieron en presente; el pasado fue presente
pero dejo de ser y, el futuro es solo una
expectativa de éste.

Si vivimos atados al pasado entonces
no viviremos el presente.

Se requieren lideres que renuncien a sus
privilegios y se dediquen a convertir en
realidad los sueños de aquellos que los eligieron.

Dogmatizamos los conocimientos haciéndolos
que parezcan incólumes, llegando a convertirse
en verdaderas trampas del saber.

A la final la vida es corta y efímera,
como un sueño, donde lo que se vivió ya no es,
y lo que se vive deja de ser.

¡Como se puede ser absolutamente coherente
y al mismo tiempo aceptar la teoría
de la relatividad de Einstein!

PARTE III: Vida, Espacio y Tiempo

El Misterio del Origen de la Vida

Diversas teorías sobre el origen de la vida señalan que ésta se origino desde la conformación biofisicoquimica de substancias orgánicas simples hacia substancias mas complejas en unas condiciones ambientales especificas, las cuales fueron evolucionando y sufriendo transformaciones y que en la medida que iban cambiando se originaron nuevas especies, que luego se volvieron autónomas en su reproducción

Hay varios aspectos que se deben analizar primero, con relación a esta hipótesis en: 1) el suponer que hubo un origen, una etapa primigenia que luego se desarrollo hacia otras etapas evolutivas; eso no lo sabemos a ciencia cierta aún, nuestra lógica está diseñada para entender todo como un proceso, que va de lo simple a lo complejo; si nos ubicamos como lo complejo consideramos que anteriormente existía lo simple; 2) en suponer que se parte de un único núcleo en la evolución, cuando existen diversidad de formas de vida aun desconocidas, entonces no podría haber existido un solo núcleo de origen, en todo caso habrían varios núcleos y varios episodios; 3) La especies vivas tal como la conocemos hoy, no significa que no pudieran haber sido de otras maneras.

¿Cómo aparece? ¿Cómo se da la transformación de una forma de vida simple a otra más compleja? ¿Por qué desaparece la forma anterior? O ¿por qué la forma anteriormente existente no desaparece, sino que permanece junto a la nueva especie? Las reacciones en cadena no fueron lineales o de manera consecutiva, pudo haber sido en forma simultánea pero no uniforme y en diferentes lugares con respecto a las distintas condiciones existentes en estos. Por eso es que no se podría hablar de origen de las especies, sino de cambios pero en distintos espacio y tiempo, una cosa no fue origen de otra, sino su antítesis de ahí que la supere, para que sobreviviera debía transformase y revelarse a la forma anterior, motivación de lucha por la sobrevivencia ¿Pero por que la variedad o diversidad? Tenía que existir esa diversidad, una cadena alimenticia que soportara dicha transformación, y ¿quien decidió que fuera así? ¿Por qué unos seres vivos se ubican en el rango superior y otros en el inferior o medio? La teoría sobre el origen de la vida no da respuesta a muchas interrogantes por lo tanto no puede considerase definitiva. De donde surgen los sentimientos, por ejemplo, la filantropía, el altruismo, el amor específicamente, las emociones, la música, la poesía, todas las expresiones artísticas, literarias, etcétera, es que ¿acaso los mismos seres vivos se organizaron en un principio, y decidieron su propio proceso de desarrollo para luego ser transmitido genéticamente o acaso las condiciones existentes lo establecieron?

Y que decir de esa atención que hasta un animal presta a otro de su especie o de otra, los elefantes por ejemplo han dado muestras de solidaridad, acaso que la teoría de la evolución de la materia da respuesta a tanta diversidad, a tanta confluencia de elementos, pues no, esta teoría deja enormes vacios que hasta ahora no han sido comprendidos.

La diferencia que existe entre la vida y la no vida se debe a que en la primera existe o se da una combinación de elementos biofisicoquimicos que hacen que un organismo tenga vida, pero ¿ por que en unos se desarrolla un tipo de inteligencia superior, una capacidad de sentir y expresar emociones, una aptitud o voluntad para llevar a cabo proyectos, una capacidad para soñar, ambicionar, ser único (a), entre otras?; no se sabe, se podría argüir que se debe a que, desde sus inicios se originaron diversas especies u organismos vivos que fueron evolucionando y adquiriendo autonomía en su reproducción biológica. Pero, ahí está la cuestión, ¿cómo o de que manera la naturaleza actuó por si sola estableciendo las diferentes especies que fueron y seguirán poblando la tierra?, eso no lo ha explicado ninguna teoría aun.

La tierra es una sola, proveedora de recursos no renovables y es allí donde la especie superior debe demostrar su inteligencia en cuanto a su supervivencia, que no es característica de unos pocos con relación a otros y no tiene nada que ver con poseer dinero o no, porque no depende de dicho elemento que se tenga salud, ni con la existencia de centros de atención, sino con el estilo de vida que se lleve en interacción con el medio ambiente existente. Pero, y ahí esta la cuestión ¿que hacer para que entendamos y aceptemos, la fragilidad que tenemos la especie humana a pesar de ser la mas inteligente somos los mas proclives a desaparecer, por el hecho de vivir como lo hacemos, contradiciendo o no respetando el orden natural de la vida en todos los aspectos?

No podemos quedarnos impasibles como si nada se pudiera hacer aunque reconociendo lo que ocurre, como dar por sentado un hecho en una actitud fatalista del destino. Por que nada sirve seguir progresando, seguir construyendo, si estamos condenados todos a desaparecer de la faz del planeta, sin hacer nada para evitarlo.

Es tan importante y necesario la manera como interpretamos el mundo y la vida, que es sumamente urgente que nos detengamos a revisar si los conceptos que hasta ahora hemos construido y utilizado para tal fin han sido o son los adecuados, porque sino estamos actuando en contra de nosotros mismos y no nos damos cuenta.

La muerte no es nunca jamás el destino del ser humano, en eso debemos estar convencidos, es la vida hasta que por razones naturales se extinga, pero es y será la vida que seguirá fluyendo de cualquier manera.

La Diversidad es la Norma y
el Cambio una Constante Continua

La diversidad como la principal condición de la vida, es inmanente a la naturaleza, es su esencia innata, pero tratamos escapar de ella, queremos volvernos uniformes, construimos viviendas cuadradas, rectangulares, tenemos horarios rígidos, cumplimos una rutina que se vuelve un hábito, nos escudamos en el auto engaño para aparentar lo que no somos, lo que no sentimos, mentimos acerca de uno(a) mismo(a), o acerca de los demás, intentamos hacer las cosas igual a los(as) demás, imitamos aquello que nos parece conveniente de lo que se impone como moda, una frase, una manera de vestir, un corte de cabello, un peinado o, cualquier cosa que veamos en lo que otro u otra hace o tiene, tratando de igualarlo(a) o parecernos porque nos da miedo ser auténticos, nos da miedo diferenciarnos, por eso formamos grupos con personas afines a la conducta que hemos asumido para ser, estar, actuar, existir., y así, vamos estando en total disonancia con la naturaleza, el silencio nos aturde, nos agobia, queremos escuchar ruido, música, carros, otras personas, pero nos sentimos totalmente inseguros en situaciones donde solo escuchas al viento soplar, las aves cantar y la propia respiración, de allí queremos salir corriendo porque no sabemos que hacer, no sabemos escuchar nuestra propia voz, nuestros pensamientos, hacemos todo lo posible para que ese silencio se acabe escuchamos las noticias todos los días, queremos ser los primeros en enterarnos sobre algo, con pelos y señales no a medias tintas, nos gusta que nos busquen para contarnos o, que recurran a nosotros por necesidad, para sentirnos útiles, buenos, bondadosos y así ir cubriendo las deudas por si existe el cielo, nos hace sentir bien ayudar a otros pero una ayuda condicionada a nuestro criterio es como quien busca hacer un regalo y lo hace de acuerdo a lo que le guste y no indagamos sobre algo útil o que le guste a la personas a la cual se hace el regalo, tratando de no gastar mucho sino es para el jefe o jefa, o alguien que no nos va a retribuir por el gasto, por que eso es lo que vemos cuanto gastamos, cuanto obtenemos. Y así vamos llenando nuestras vidas de falso encanto, de quebrantos y, de llanto.

La vida fluye por todas partes, de manera natural y espontanea y, también asombrosa, un árbol seco sirve de soporte para que otras vidas se desarrollen, el gusano muere para dar paso a la mariposa, una persona de mucha edad cumple su ciclo vital y muere cuando ya todo su organismo haya alcanzado su máximo desarrollo y así todo esta cumpliendo una misión especifica aunque no lo percibamos o nos demos cuenta.

El suelo para la siembra que es destruido continuamente en algunos casos mediante químicos y procesos de tala y quema va perdiendo sus nutrientes con el tiempo, pero con la lluvia o mediante un proceso de regeneración continúa vuelve a florecer, a servir para el desarrollo de la semilla, para una nueva vida.

La reproducción humana como mecanismo para la perpetuación de la especie no escapa de las leyes de la naturaleza, el hecho que deban existir dos sexos (macho y hembra) para la reproducción biológica no significa que sea algo definitivo, las especies van modificando su fisiología y metabolismo en la medida que cambian y se modifican las condiciones ambientales y sociales, que son parte integrante de este, la teoría de la evolución ya lo planteó. Decir que la reproducción siempre dependerá de la unión del macho y la hembra, es negar la misma evolución, negar la realidad de los cambios, negar que existan fuerzas más grandes que aún no se han podido ni quizás podrán comprenderse. La humanidad avanza en todos los campos, el campo biológico también sufrirá cambios contundentes que no tienen nada que ver con el Dios interpretado por las religiones a pesar de la existencia de seres humanos trascendentales como Jesús, Buda, Gandhi entre otros, seres extraordinarios que constituyen ejemplos de que es posible si nos proponemos, de llevar a cabo una vida plena a partir del ejercicio del amor en su verdadera expresión. La grandiosidad del universo, está en permanente cambio, en total transformación.

Junto a esa incomprensión sobre algunas manifestaciones de la naturaleza esta también la no aceptación, que cada vez nos va alejando mas de todo y de todos, de nuestras familias, de nuestros (as) amigos(as), de nuestros (as) compañeros (as) y, de nosotros mismos, hemos ido creando un mundo irreal, virtual, incompleto, para satisfacer la pérdida o la ausencia de reconciliación con el (la) otro (a) y vamos sucumbiendo a la inoperancia de no hacer nada para evitarlo o combatirlo, nos vamos quedando cansados (as) o exhaustos (as) de hacer parecer que hacemos, pero no hacemos o dejamos de hacer, vivimos enfrentándonos a todos y a nosotros mismos y ante la incomprensión entonces buscamos respuestas, vivimos enfermos o enfermándonos. Quisiéramos que alguien nos presentara una salida, buscamos a alguien, un mesías, cuando la respuesta y la salida la tiene cada uno y cada una, pero no lo sabemos, desconocemos totalmente que pueda ser así, por eso acudimos al medico, al sicólogo, a los brujos, a los sicoterapeutas, o a cualquier cosa que nos parezca una solución (alcohol, drogas, prostitución, pornografía) y, a todo aquello donde llegamos a ser mas miserables, queriendo escapar, nos esclavizamos mas, queriendo ser mas felices nos volvemos mas infelices.

Han existido en el transcurso de los miles de años de la especie humana sobre el planeta tierra, múltiples formas de interpretar lo divino, lo que escapa a nuestra racionalidad o comprensión y no estamos capacitados para señalar cual es la correcta, a pesar de lo escrito en libros como la Biblia, el Corán u otros. Es innegable que son escritos que poseen una altísima majestuosidad literaria que dan cuenta de las experiencias de fe de muchas civilizaciones pero, que sucede con las civilizaciones que no aparecen registradas en dichos textos o, que aun no existían pero llegaron a hacerlo, y sus culturas, costumbres y formas de interpretar lo divino, lo mágico religioso era diferente ¿acaso por esta razón están excluidos de la grandiosidad del universo? Su forma de interpretar su relación con lo divino, no significa que sea incorrecta aunque este fuera del alcance de la comprensión de otros.

Vivimos apegados a la forma, rechazamos el contenido cuando no es similar a nuestra manera de conceptualizar las cosas, lo descalificamos sin intentar siquiera en muchos casos comprenderlo, porque separamos el hecho del contexto (configuración de elementos de diversa índole), por ejemplo, si analizamos como se fue configurando la cultura de un barrio cualquiera, desde que llegaron sus primeros habitantes, de donde provenían, que necesidades e intereses los guiaron, que cultura traían, como se fue dando la interacción, comunicación entre ellos, se van comprendiendo sus características culturales y, se va descubriendo que cada barrio posee diferencias con respecto a otros, que a pesar que parezcan iguales en cuanto a sus calles, su plaza o, las características de sus casas, existen diferencias porque cada uno tiene una historia particular. Si solo recorremos sus calles, interpelamos a algunos de sus habitantes y buscamos las estadísticas poblacionales del mismo, no lo hemos conocido. Se amerita vivir allí, convivir por un tiempo dentro de sus predios, significa interactuar con sus habitantes, observar su dinámica diaria, es decir, aplicar una metodología de campo intensiva y anónima, la metodología que se ha de emplear debe adecuarse a la naturaleza de lo que se quiere investigar, cada caso es una situación particular.

La diversidad se puede palpar solo con mirarnos a nosotros mismos a menos que seamos mellizos idénticos, fluye de manera espontanea, inesperada la mayor parte de las veces, cuando no se ejerce ningún control sobre esta. La naturaleza no posee patrones de orden, solo si es provocado y ya no seria natural sino artificial por la intervención humana. Los productos de la especie humana y la naturaleza, han coexistido interfiriéndose una a otra desde los inicios de nuestra especie aunque no se conoce cuando ocurrió, ni de que manera lo hizo, pero esta relación de interferencia ha sido en la mayor parte de las veces, negativa puesto que, la una ha alterado o modificado a la otra, es decir, las creaciones de la especie humana han producido grandes cambios a la naturaleza y esta, ha influenciado y lo seguirá haciendo sobre la especie humana. Cada una posee sus propias cualidades, autónomas pero interdependientes entre si, existen multiplicidad de conexiones que no son evidentes pero que sin embargo ocurren, se permean condicionándose y se influyen de alguna manera.

Vivir no solo es comer, dormir, tener sexo, trabajar, la vida de cada una y cada uno contiene una gran diversidad de vertientes que cambian o se modifican dependiendo de múltiples vertientes también, es decir nada es fijo o permanente, estamos sujetos a los vaivenes del fluir de la vida misma, aunque nos hallamos propuesto una meta o, tengamos centrada nuestra atención en un objetivo específico, como ganar dinero, aprender un oficio, graduarse de alguna profesión y desarrollar los conocimientos adquiridos, entre tantas otras, planificamos de alguna manera el lograr nuestros objetivos de vida, pero no podemos escapar de la incertidumbre, del azar, la recurrencia de un hecho de la misma manera es poco probable, recurrimos a métodos estadísticos para obtener una mayor precisión de su ocurrencia donde las condiciones existentes deben ser reguladas o controladas para que se de manera igual, pero no es espontaneo, la modificación y el control de las condiciones provoca un sometimiento de lo natural. La especie humana es de todas, la que rompe el ritmo de la naturaleza porque es capaz de alterarla de manera consciente (sabe lo que su acción provoca) o inconsciente.

La intervención de manera incontrolada genera la aparición de nuevos escenarios o fenómenos físicos naturales y sociales, como es el caso del recalentamiento de la temperatura del planeta, la aparición de mutaciones genéticas, de nuevas enfermedades, de formas de interrelación social inéditas, la aparición de conflictos por el control de los territorios para la ejecución de actividades legales o ilegales, la aparición de mafias que ejercen el cobro por la protección de los negocios de terceros ante robos u otra situación que se pueda presentar, el secuestro, distribución y venta de drogas y estupefacientes, el asesinato por encargo y, otros muchos nuevos fenómenos sociales que son propios de estos tiempos posmodernos donde se quebró la línea entre lo real y lo virtual, de lo bueno y lo malo, donde las leyes existentes dejaron de ser eficientes por los cambios o situaciones nuevas existentes, donde la introducción de nuevas tecnologías de la información y la comunicación así como de contenidos y de mensajes sin ningún tipo de escrúpulo, el acceso sin ética a los medios de comunicación e información, entre otras fomentan la aparición de situaciones sociales totalmente diferentes a las existentes en el pasado produciendo crisis de toda índole en las sociedades de hoy.

La aparición de todos estos nuevos escenarios dan al traste con las teorías existentes hasta hoy, especialmente en el campo de las ciencias sociales; las corrientes de pensamiento para la explicación de los hechos y fenómenos sociales se han vuelto insuficientes en algunos casos y obsoletas en otros, tal es el caso de las corrientes sociológicas del estructuralismo, el funcionalismo y el marxismo. Las condiciones actuales son totalmente diferentes a las existentes en la época donde se produjeron durante los siglos xvii, xviii, xix y xx.

Estas nuevas condiciones políticas, económicas, sociales y culturales, contribuyen no solo a una carencia o insuficiencia de nuevas teorías o que se hagan análisis desfasados entre la practica y la teoría (realidad y métodos de estudios), peor aun, que las medidas tomadas por los órganos gubernamentales decisores para la formulación y ejecución de políticas publicas en los diferentes campo no se ajusten o den resultados poco satisfactorio al no resolver o por lo menos contrarrestar los efectos negativos que estos hechos sociales están produciendo en la sociedad de una manera retributiva en el sentido que uno conlleva a lo otro y viceversa, es decir se dan de manera simultanea e influyente.

Al cambiar la dinámica social deben cambiar al mismo tiempo los conceptos que la definían anteriormente en el sentido que si las teorizaciones continúan siendo las mismas que anteriormente se esgrimían, se da un mayor distanciamiento entre realidad y teoría.

La vida social y la concurrencia de la vida humana, se presenta de manera aparente como una estructura y relaciones de roles, según se plantea dentro de la corriente de pensamiento estructuralista, deviniendo de esta el enfoque sistémico y el enfoque holístico para analizar los fenómenos sociales, así como el funcionalismo explica las relaciones sociales a partir de la función que cada rol posee estudiando las antinomias presentes en esta.

Junto a dichas corrientes se genera también el pensamiento marxista el cual introduce el concepto de totalidad y el método histórico dialéctico para el estudio de la sociedad capitalista, dando aportes a la comprensión de los fenómenos que en esta se presentan tomando como referente la lógica del capital.

Cuando se utilizan métodos teóricos de análisis no adecuados a la realidad social existente, esta llega a desbordarse en el sentido de que al no tener un conocimiento más cercano de esta, se apliquen las medidas correspondientes para su canalización. La diversidad y los conflictos adquieren así, una relación de simbiosis mientras no existan mecanismos de tratamiento teórico adecuado de la primera para la canalización de la segunda.

Estos conflictos son diversos en la medida que se va complejizando la diversidad social, un ejemplo de ello es el tratamiento que se le da al tema de la homosexualidad u otro tipo de manifestación que la especie humana exprese de acuerdo a las nuevas configuraciones que se van dando dentro de la compleja vida socio-natural.

La homosexualidad en muchas culturas es visto como algo anormal, como una aberración de la especie humana, aunque esta condición ha existido desde tiempo remotos de manera solapada, no aceptada y las leyes que se crean lo hacen a través de un patrón predominante, quedando por fuera los casos que no son reconocidos dentro de ese patrón cultural que deviene de la interpretación de lo natural. El sexo es considerado como mecanismo de la especie para la reproducción de la misma y no para el placer el cual es visto como algo pecaminoso especialmente dentro de la interpretación religiosa que se ha hecho de la vida.

Un ejemplo ilustrativo de ello es la situación que se presenta en algunas cárceles en países subdesarrollados, donde la persona que no tiene libertad para llevar suplir sus necesidades (alimentación, abrigo, protección ante daños, satisfacción sexual, etcétera) intenta desarrollar otras formas de satisfacción de sus necesidades, la prisión que se ejerce como el castigo o violación a las necesidades propiamente humanas, de allí que se ha pervertido el sentido mismo de la detección o supresión de la libertad de quien ha cometido un delito. Al existir unas condiciones propicias para que se desarrollen o aparezcan formas de interrelación humana que son atentatorias hasta de la condición humana misma. Cada fenómeno tiene sus raíces, no aparecen en forma aislada, su principal fuente proviene de las mismas condiciones existentes en dicho medio o hábitat socio natural.

Pero la diversidad y la complejidad requiere se estudie con un nuevo paradigma de interpretación con la finalidad de que produzca una mayor comprensión de su dinámica. La homosexualidad interpretada desde la teoría de la evolución puede ser interpretada como una respuesta de la naturaleza para contrarrestar o disminuir el problema de la superpoblación, es decir así como, por naturaleza existen los dos sexos, varón y hembra para la reproducción humana, también la naturaleza produce los mecanismos para contrarrestar el crecimiento poblacional, desde el punto de vista de esta teoría las especies evolucionan y se van adaptando a las condiciones existentes para perpetuarse pero no de la misma forma, la variedad constituye una característica esencial presente en la evolución , en cada cambio las especies adquieren una nueva morfología, nunca las especies tendrán una forma definitiva porque eso no es posible, la adaptación introduce modificaciones en los seres vivos.

Al igual que un heterosexual puede ser promiscuo, tener sexo con diferentes personas, los homosexuales también pueden caer en dicho comportamiento negativo, lo dañino es la promiscuidad, es una cuestión de responsabilidad, no la homosexualidad como tal. Todo se mueve, todo cambia, todo evoluciona, de acuerdo a las condiciones que se van presentando. Quizás dentro de miles de años, no exista la especie humana como hoy la conocemos, existirán nuevas formas de adaptación de la vida de cualquier ser vivo a las nuevas condiciones naturales existentes.

El estatuir el matrimonio entre homosexuales es una cuestión mas de carácter social que de otro tipo, al igual que el celibato de los sacerdotes católicos, o de la religiosas, obedece más a razones institucionales de conveniencia social que a razones de naturaleza propiamente, el matrimonio es una acto simbólico, un contrato legal para la procreación organizada principalmente, su estatus de legalidad es una atribución de los esquemas de la sociedad, de allí que quienes no entren dentro de dicho esquema social es considerado un desarraigado o pervertido o al margen de lo legamente constituido. Sin embargo, dentro de la población humana se van produciendo nuevas formas de alianzas como el concubinato, tener hijos fuera del matrimonio o convivir sexualmente con dos personas (la mayoría de las veces de manera oculta). Por eso, los Estados a través de la demandas sociales deben ir, introduciendo o modificando las leyes, de lo contrario la sociedad se saldría de sus dominios, prohibiendo en algunos casos y aceptando en otros según sean las consecuencias, pero éstas son evaluadas de acuerdo a pautas establecidas socialmente, que a la larga sino son transformadas con respecto a las nuevas estructuraciones socio biológicas, seguirán potenciando la serie de conflictos humanos (consumo de drogas, alcohol, violencia, apatía, grupos contracultura, etcétera) producto del rechazo, la burla, la incomprensión, entre otras, que ya existen y que aun no han sido resueltos por ningún Estado Político.

El acto sexual es un factor biológico guiado más por un objetivo de placer, ningún ser vivo llevaría a cabo esta función sino causara bienestar físico o mental, la reproducción de la especie humana esta basada en el placer mas que en principios de otro tipo.

La vida es la vida, los patrones culturales los construimos de manera casi siempre espontánea de acuerdo a la satisfacción de las necesidades y, de otros aspectos que podrían ser políticos, ideológicos, económicos, sociales y culturales.

No existe un esquema o modelo único de vida, cada quien busca adaptarse lo mejor que puede para sobrevivir, pero en esta adaptación se dan una serie de situaciones que muchas veces se vuelven incontrolables para el mismo ser humano y, es allí donde el Estado Político debe actuar y así proveer alternativas para la existencia de la vida o por el contrario represaría u obstaculizaría el desarrollo de la vida y la libertad convirtiéndose en un Estado que se coloca por encima de la sociedad en vez de estar al servicio de ella.

Cuando ocurre un hecho que atenta contra la vida, la libertad y la sana convivencia social, por ejemplo un secuestro, un asesinato, un alud de tierra que sepulto varias personas, entre otros y no se combate desde sus raíces o solo se le da un tratamiento superficial con trascendencia solo de ser un hecho noticioso, el mismo va posesionándose en el quehacer cotidiano como parte del mismo contexto relajándose este y permitiendo su ocurrencia hasta convertirse en un suceso cotidiano. Como viene ocurriendo en relación a algunos medios impresos que le dan un tratamiento burlesco e irónico a hechos tan doloroso como la muerte de cualquier persona, buscando causar credibilidad en el público, el medio se convierte así en un distractor o mecanismo de entretenimiento y no en un instrumento para la información. Y así la sociedad en general va perdiendo su organicidad o utilidad, convirtiéndose en un campo abrupto y atentatorio de una calidad de vida posible.

La vida fluye de diferentes maneras abarcando todas las alternativas posibles en una variación impredecible con un ritmo propio, cada momento cuenta, cada elemento, cada espacio o configuración, la vida no espera una orden, ni una decisión externa, la podemos influir negativamente o positivamente pero nunca quitarle su esencia auto creadora, podemos volverla estéril e incapaz de reproducirse en algún momento del tiempo y del espacio pero no volverla infecunda eternamente.

Lo Infinito y lo Finito como
Interpretación de lo que Somos

Así como existen personas con diferentes cualidades y habilidades, cada una es diferente a otra, la variedad es la condición esencial de la naturaleza no solo fenotípica y genéticamente también lo somos en cuanto a las ideas y pensamientos que generamos, las interconexiones cerebrales son únicas en cada ser humano, pueden llegar a ser compatibles o similares pero nunca iguales. Dentro de lo finito todo está interconectado e influenciándose de alguna manera, a corto o a largo plazo, dependiendo del espacio físico y del nivel de información que medie; si no tenemos información sobre algo, lo desconocemos y por tanto no percibimos su influencia, como cuando tenemos algún problema o situación pero como no lo valoramos en una medida consciente no percibimos ni su influencia ni su magnitud. Lo infinito sobrepasa lo finito e inmediato, lo infinito es perenne, lo finito limitado, sometido a la caducidad, todo tiene una motivación aunque no sea consciente o explicita. El tiempo es una medida que existe solo dentro de la dimensión finita, se mantiene como una constante, aunque todo cambia, el tiempo no, es perenne, posee una cualidad infinita y eterna., pero el tiempo no existe en el infinito porque no hay medida en este, no hay parámetro, si fuese posible un viaje a través del tiempo, este no transcurriría, el viaje no tendría fin y el viajero no tendría hacia donde ir, el tiempo como medida cronológica desaparece, desapareciendo también el movimiento, el objeto que viaja quedaría latente, en la nada, la soledad eterna, en el vacio, como objetos cósmicos que tendrán colisión en algún momento, en el infinito todo está predeterminado pero no conocido o conocible por lo finito, que es resultado y obra de lo infinito pero que a la vez se trasmutó en autónomo sin serlo, no es autosuficiente, es vulnerable y destructible.

Todo dentro de lo finito perece, esta sometido a la ley de la caducidad, se transforma o cambia, nada permanece igual, el estado de una cosa está en permanente cambio o modificación, el presente en lo finito es lo que importa, porque esta condición de tiempo y espacio es lo realmente existente, hay situaciones o estados de cosas que cambian lentamente otras mas rápidamente, y a veces se cae en un letargo, pero nada es eterno, por eso es que vivimos el presente en presente, no en futuro ni en pasado.

La finitud y la caducidad inducen a algunas personas a no luchar, a no creer, a no buscar su crecimiento y superación, están atrapadas en dicha ley, piensan que nada vale la pena y se dejan llevar por el conformismo de la existencia, otras luchan o hacen cualquier cosa por mejorar su vida material y en ello pierden su salud, su paz y su tranquilidad, otras personas se dedican solo a lo espiritual y descuidan su vida física, su aspecto, su hábitat, son muy pocas las personas que buscan el equilibrio entre lo espiritual, lo material, lo físico y mental, estas son las personas que ven la vida de una manera integral donde todo esta relacionado, valoran la vida de todo ser vivo, hacen lo posible por no contaminar o desperdiciar los recursos naturales como el agua, el aire, creen que el estado de una cosa se puede cambiar a mejor si nos lo proponemos, porque la opción de mejorar existe.

En lo infinito están y permanecerán por siempre todos aquellos que entendieron que la grandeza no es material sino espiritual, que no se llega a ella sino es a través del amor y del perdón, de la misericordia que tengamos con los demás, los grandes como Jesús, Buda, Mahatma Ghandi, Teresa de Calcuta, y tantos otros que renunciaron a la comodidad y los placeres mundanos para vivir una vida de amor, de sencillez y de entrega al servicio del bien. Pero también han trascendido aquellos que se dedicaron al mal, solo que de su trascendencia es negativa, así como están lo que han trascendido por sus ideas libertarias de emancipación de la humanidad, filósofos, científicos, artistas, etcétera, que de alguna manera han roto con los paradigmas existentes en su época..

Existe una correlación entre la vida física y la vida espiritual en el sentido que la primera puede acabar en cualquier momento porque es finita y efímera, mientras que la segunda es continua aun cuando no la hayamos cultivado, está presente, aunque puede estarlo de manera latente cuando ha sido ignorada o no tomada en cuenta, sin embargo posee infinitud es la que continuara por la eternidad, aunque no sepamos como. El paso de la primera a la segunda es cuando morimos físicamente, dejamos el cuerpo y avanzamos a una nueva dimensión. Nadie puede dar fe de esto, sin embargo lo infinito existe y a partir de su existencia se puede pensar que no existe final, solo cambio de estados en el universo.

En la finitud todos los seres vivos mueren, su condición física desaparece, en el caso de los seres humanos perduran las ideas y los hechos realizados, que también llegan a tener caducidad porque nada sobre lo finito es para siempre.

Todo acto dentro del campo de lo finito tiene sus consecuencias observables a corto, mediano o largo plazo, que trascienden hacia lo infinito, lo finito termina pero lo infinito perdura, lo que comemos, como comemos, el entorno o ambiente donde comemos, lo que escuchamos o vemos cuando comemos, tiene consecuencias que no se pueden predecir de manera inmediata, pero todo lo que hacemos trasciende hacia la materia y hacia la energía, solo que la materia se destruye y la energía continua, se transforma.

La vida que llevamos a cabo es consecuencia de los errores que cometemos y de los aciertos que tenemos. Nada es incólume a los actos o acciones que ejecutamos y a los pensamientos que generamos, ideas negativas, rechazos, envidias, malos tratos hacia nosotros mismos y hacia los demás, botar el agua, contaminar, abusar del uso de aparatos eléctricos y electrónicos, quemas, talas, todo lo que hagamos en extremo tiene consecuencias negativas, porque rompe el equilibrio, el fluir en armonía de la energía, una acumulación excesiva de energía es explosiva, destructiva, todo lo que se hace en extremo es negativo, en uno u otro sentido, los extremos hacen que la balanza del equilibrio se rompa y genere problemas, de salud, ambiental, mental, espiritual, estamos atrapado en los extremos, no percibimos o analizamos las consecuencias, cuando hacemos algo que nos distrae, o gusta, lo seguimos haciendo de manera espontanea y muchas veces sin consciencia de los daños que estamos ocasionando.

La respuesta no puede estar en la muerte, aunque ella es inmanente a la vida, solo en la vida terrena podemos ser, podemos hacer, podemos crecer, en la muerte no. Ella es infranqueable, misteriosa, desconocida, solo el recuerdo de la vida vivida perdura en el pensamiento de los que viven, los muertos no tienen recuerdos, sueños, ni pasiones, al menos no lo sabemos, es un estado diferente, abstracto e incomprensible para la mente humana.

Somos un todo interconectado aunque no nos percibamos como tal, ni visualicemos, ni conozcamos, el planeta es un organismo vivo y todo lo vive en ella, las plantas, los animales, la especie humana, las piedras, rocas, montañas, océanos, mares, ríos, riachuelos, todos los elementos que ella contiene, están en movimiento y en constante cambio biológico, fisiológico, sicológico, espiritual, material, y de diversa índole, todo dentro del todo que es el planeta dentro de una galaxia y del universo, el todo planeta es el marco de análisis, interpretación o reflexión inmediato y finito de la especie humana, dentro de este marco se apoyan nuestras capacidades y nuestras limitaciones.

Pero no somos solamente materia y energía, porque ésta ultima está contenida en todo lo existente, una roca, una árbol, o un ladrillo, en todos lo elementos que componen el planeta, pero nos diferenciamos de éstos por la existencia de espíritu; un mueble que posee composición molecular es decir energía y materia no tiene vida, porque ésta es el producto de la combinación de diversos componentes orgánicos que al colapsar por equis motivo, muere físicamente, pero no espiritualmente, no es cualquier energía esta posee una carga diferente a la contenida en un mueble o una silla, en el fuego, el agua, o cualquier otro elemento.

En lo finito una vez transcurrido este estado, la materia que es el cuerpo físico tangible, se transforma en materia inerte, en polvo, cuando las moléculas de átomos abandonan la materia, solo queda la energía que se transforma y el espíritu que trasciende a lo infinito o eternidad.

Algunas culturas están atrapadas por la consciencia inmediata, las necesidades básicas, las ambiciones adquiridas, la envidia, la flojera, el tener, y todo aquello que posee naturaleza terrenal, lo espiritual lo ven como un rito, no como un estilo de vida. Otras culturas se estancan solo en lo espiritual y no buscan mejorar su calidad de vida material, no le dan importancia, otras solo le dan importancia al conocimiento científico y tecnológico y se dedican al proceso del conocer, pero ninguna al menos conocida, se dedica a atender la integralidad, el todo interconectado en constante fluir.

Todavía no hemos comprendido la necesidad de buscar el equilibrio entre todos los elementos que intervienen para que se de una vida plena, que todo está inmanentemente interconectado, que somos parte de todo, y todo es parte de cada uno(a), que solo el equilibrio permitirá que haya esperanza para este mundo y para toda especie viviente.

El universo está allí con sus propias reglas, nosotros analizamos e interpretamos y con base a ello transformamos, de acuerdo a la interpretación que hacemos de todos los aspectos, serán las consecuencias que tengamos.

REFLEXIONES IV

Amor, salud, paz y prosperidad
en ese orden constituyo mis prioridades

Las mujeres hemos luchado por ser independientes
pero ahora trabajamos mas que antes, llegamos a ser reconocidas
pero muy poco valoradas pagando un precio muy alto al tener que
dejar la educación y disfrute del crecimiento de nuestros hijos,
por lo que las luchas tal como se dieron han sido equivocadas
sino hemos logrado con ello ser más felices

No hay situaciones absolutas,
si situaciones únicas y diferentes,
imposibles de repetir del mismo modo.

La diversidad nos provee las herramientas metodológicas si vamos
a aprender a nadar necesitamos estar dentro del agua no fuera de ella.
Lo que debemos es comprender la naturaleza de lo estudiado
para hacerlo de la mejor manera posible.

Lo hagas en tu vida si importa porque con ello te identificaran
pero no significa que con ello debemos dejar de vivir lo
que tengamos que vivir.

Todo extremo es dañino, el fanatismo no te deja ver la conjugación
de elementos en un todo fluyendo y cambiando a cada instante,
te cierra la ventana de la diversidad y la puerta de la libertad.

Las personas somos diferentes, los animales, las plantas y todo
lo existente, nosotros somos lo que le damos la cuadratura y con
ese patrón que es solo artificial, juzgamos todo lo demás.

¿Podrá acaso haber en algún momento una sociedad donde la especie
humana pueda o por lo menos intentar desarrollar sus aspiraciones
y sueños sin que por esto se exponga a morir en el intento?

El amor de pareja es la acción que permite la realización del
ser humano, cuando es correspondido. El amor universal es
la mayor expresión de la realización humana.

PARTE IV:

El Amor como Vehículo de la Transformación

La Praxis del Amor

Cuando dos personas se enamoran se necesitan una de otra para sentirse feliz, el amor correspondido genera un estado de felicidad cuando las demandas que cada uno hace al otro son satisfechas produciendo alegría, seguridad, tranquilidad, estado que no tiene nada que ver con el dinero, ni con la belleza física, ni con razones de otro tipo que el hecho de sentirse atraídas y correspondidas, las dos personas establecen una relación de empatía primero, se atraen por motivos que solo ellas comprenden, establecen una alianza que no necesariamente es explicita, pero que se vuelve necesaria y a veces se torna obsesiva, cuando por alguna razón no pueden estar juntas. El amor cuando se da en su verdadera manifestación comienza con el compartir de buenos o malos momentos haciendo que las dos personas unidas cuiden de si, de su vida, de sus sueños, cada uno como individuo, ambos se reconocen como tal, pero se complementan, poseen independencia pero el vínculo que los une que incluye la atracción, sin importar si se es bajo (a), gordo (a), flaco(a), blanco (a), negro (a), el que ama lo hace porque es capaz de hacerlo, el amor no está en lo que ama sino en la capacidad que una persona tiene o es capaz de poder amar, es por eso que muchísimas personas nunca consiguen realizar el amor en sus vidas, no son conscientes de que el amor no está fuera de nosotros, sino que nace, se crea, se construye, se alimenta desde si mismo.

El amor es confundido la mayor parte de las veces por las personas con el deseo o necesidad fisiológica, con el interés por obtener algo a cambio, con la necesidad de compañía, sin tenerse consciencia de que eso no es amor, aunque el amor es un hecho no consciente, cuando alguien se enamora a primera vista, gusta de otra persona, le atrae algún gesto, lo que dice, su sonrisa, o cualquier aspecto que le llame la atención, esa atracción puede ser amor para la persona que lo siente pero no necesariamente para la otra persona, que a lo mejor ni cuenta se ha dado de la impresión causada en la otra persona, a menos que se lo diga y aun así no significa que lo acepta. El amor no se impone, la persona que se enamora puede que no consiga nunca que la otra persona lo(a) ame, pueden no estar en el mismo nivel de compresión o no gustarle la otra persona.

Cuando amamos en su total dimensión, es decir ejercitamos el amor verdadero es cuando somos capaces de ponernos en el lugar del otro, comprender sus acciones, perdonar y olvidar cuando esas acciones nos lastiman. Pero se puede volver un amor masoquista, aquel que soporta desprecios, humillaciones, maltratos, la persona pierde su dignidad a causa de su sentimiento, pero eso no es amor, el amor en una pareja es cuando cada uno(a) puede realizarse como persona junto al otro(o), puede buscar lograr su realización, sus sueños, cuando ambos se apoyan, se ayudan, van creciendo como dos arboles uno un junto al otro apoyándose en sus ramas para sostenerse, pero cada uno(a) recibiendo el oxigeno, los rayos de sol sin dañar al(a) otro(a). Los sueños e ilusiones son individuales, le pertenece a cada quien son de su propiedad, pero el realizarlos involucra la participación de otros, y es allí donde el(a) compañero (a) debe ser un soporte, aunque solo sea para escuchar, para secar las lagrimas, o para financiar tu proyecto, tu sueño, porque cree en ti, lo cual es muy importante cuando dos personas se aman, creen uno(a) en el otro(a), sin esperar nada a cambio. No para mantenerte y así poder controlarte y exigir. El amor no exige, da sin esperar nada a cambio. Disfruta cuando puede dar porque da alegría al (a) otro(a).

Hay muy pocas personas en el mundo capaces de amar de esta manera, siempre damos algo esperando recibir a cambio, nos aferramos a la idea de que es y debe ser así, sino seriamos unos tontos(as), no damos nada sin desinterés, lo que nos causa una gran angustia porque muchas veces queremos ser bondadosos, generosos, pero no hacemos la obra que deseamos hacer, nos da miedo de lo que la otra persona piense de uno(a), o porque puede pensar que estas buscando algo de el o ella y preferimos quedarnos sin hacer nada, así no nos comprometemos y podemos seguir tranquilos(as) con nuestras vidas sin importarnos los demás ni siquiera por los que decimos amar.

El amor es sencillo porque es un sentimiento, pero complejo por las implicaciones que conlleva el llevarlo a cabo, en parte por el concepto que tenemos con respecto a este. Decimos que amamos a alguien, pero cuando ese alguien no cubre las expectativas que nos hacemos respecto a él o ella, ese amor se desmorona o se pierde el interés por esa persona, lo vemos como una perdida de tiempo, nos acobardamos ante sus requerimientos, porque queremos no perder nunca, sino solo ganar, apostar para ganar, prestigio, respeto, dinero, favores sexuales, etcétera; por eso preferimos amar en abstracto, sin comprometernos, amar a los niños, pero no hacer nada por su bien, amar a los ancianos, y dejarlos abandonados a su suerte, amar, amar, amar, amar, pero sin que por ello tenga que dedicar mi tiempo, mi esfuerzo, o cualquier cosa de la que no obtenga nada a cambio.

Y es que el amor es concebido como una actividad mas, no como un sentimiento que te lleva a la realización, no material, sino espiritual, a ese sentimiento profundo que solo sienten los que se entregan a algo bueno, grandioso, que ni siquiera somos capaces de comprender, pero si, de sentir, una energía, no sabemos exactamente como expresarlo, pero cuando miramos el mundo y observamos las maravillas que existen en el, decimos eso es Dios, la grandeza, no sabemos que, ni quien, ni como, ni cuando, solo sabemos de nuestra existencia, y de los limites que esta tiene y, sobre este conocimiento elaboramos nuestros conceptos, ejercemos nuestras actividades o acciones (científicas, artísticas, religiosas, económicas, tecnológicas) en fin desarrollamos la vida de acuerdo a como la concebimos conceptualmente.

De allí que el amor en estos tiempos, sea considerado una tontería, sino genera nada útil a cambio, vivimos atrapados por los conceptos, somos incapaces de ver mas allá, de reconocer que estos se generan desde dentro no desde afuera, que podríamos cambiar el mundo si quisiéramos, porque elaboraríamos otros nuevos conceptos para interpretar la vida, el amor, el matrimonio, la educación, la ciencia, dejaríamos atrás aquellos conceptos que nos quitan lo verdaderamente valioso para la vida, para la paz, si concibiéramos de otra manera los aspectos fundamentales que permiten la realización de la vida sobre el planeta, estaríamos de verdad cambiando el mundo y, la vida tendría un verdadero sentido, ser feliz, disfrutar el maravilloso planeta que tenemos, realizarnos como personas que somos, respetar la vida de todos los seres vivos, producir para alimentarnos, intercambiaríamos amor por amor, no como mercancía, ni sexo, ni solo deseo, sino compromiso placentero de uno(a) con el (a) otro(a).

Quizás un mundo así solo es posible teóricamente, en la práctica no es posible, y quizás nunca lo sea, porque no están dadas las condiciones para ello, por el contrario cada vez mas se está volviendo mas difícil, las condiciones están a favor del egoísmo, la envidia, el tener bienes y dinero, el sobresalir por encima de todos(as), es decir cada vez mas nos alejamos de lo que nos puede servir para ser verdaderamente felices y, buscando esta felicidad huimos de nosotros mismos y de nuestra realidad, queriendo encontrar en otra parte lo que no tenemos, apareciendo con ello la frustración o resignación cuando no lo logramos y, en muchos casos el caer en la realización de actividades ilícitas, contribuyendo a crear un medio social cada vez mas hostil, agresivo y estresante sin percatarnos muchas veces del porque se produce esta situación o, proponiendo soluciones políticas que no llegan a resolver el problema porque se presentan solo de manera politizada, ignorando el contexto (toda la gama de interrelaciones presentes en el conflicto).

Como puede entonces el amor sobrevivir en un ambiente socio natural así, en este solo puede darse o existir, un amor egoísta, vanidoso, interesado, que otro tipo de amor se podría generar, si el ambiente, las condiciones existentes y los mecanismos mediante los cuales se recrea (la educación, la información social difundida, la publicidad, la propaganda, etcétera) no hacen nada para cambiarlo, sino por el contario actúan fomentándolo, porque tampoco ellos por si solos pueden escapar, es una confabulación silenciosa que opera mas a favor que en contra de dicho ambiente, porque son también producto de él. Nada se da aislado o sin interrelación, es un proceso multidimensional, causa y efecto al mismo tiempo, propicia y a la vez es resultado, sin saberse exactamente donde inicia o finaliza dicho proceso, quedándonos entrampados en dicha dinámica sin saber hacer nada para cambiarlo.

Amor y Religión

Somos victimas también de nuestras creencias de fe, creemos en Dios, un ser omnipotente que todo lo puede que la iglesia nos ha inculcado desde hace siglos con el cristianismo, pero Dios no tiene una figura masculina o femenina, Dios se hizo hombre a través de Jesús en una sociedad machista como era Israel, y lo hizo mediante un ser especial, lleno de amor, perdón, sabiduría y de humildad, por lo menos es lo que conocemos a través de la biblia, pero nosotros no conocemos, ni vemos, ni entendemos a Dios, vemos solo la apariencia y desde allí construimos nuestras ideas, pensamientos y acciones, pero no entendemos que la vida de Jesús fue y es el ejemplo mas grande a seguir. Y vemos nuestras dificultades como un sacrificio, como una penitencia, y es allí donde nos equivocamos, debemos aprender a vivir y ser felices desde lo humano, desde nuestros defectos y virtudes, amando, amándonos y encontrándonos con los demás.

Amor y Libertad

Buscamos la mayor de las veces la realización de nuestra personalidad en un estado de libertinaje, sin respetarnos a nosotros mismos(as), creemos que la libertad es hacer lo que nos provoque, cuando se quiera, como se quiera, donde se quiera y con quien se quiera, en todos los aspectos, sexual, económico, político, porque desvirtuamos la esencia de la libertad, lo sagrado que ella es, lo delicado y vulnerable que puede ser, nos sometemos a estructuras reales o imaginarias, a trabajos que detestamos, a personas que nos manipulan, humillan y someten, a una educación no liberadora, a sueños absurdos e inalcanzables, vemos la vida como una caja de cartón donde nos escondemos con el temor de que algún caerá un fuerte aguacero y ella se romperá y podremos salir o esperando que alguien llegue a salvarnos de nuestras miserias y miedos, o sino nos acurrucamos en ella para que no nos lastimen o hieran esperando el momento de zarpar para atropellar a otros(as) por temor a que nos quiten el lugar, su caja de cartón desvencijada por el tiempo. Y antes de que eso ocurra armamos nuestra estrategia para buscar otra caja, casi siempre mas grande, mas pesada, casi siempre mas cargada de objetos, muebles, mas habitaciones, baños, todo lo que me de prestigio social, cada vez buscando ser mas esclavo para aliviar el llevar una vida vacía o carente de sentido. Una casa donde sea el protagonista o actor principal, el(a) jefe(a) para dar ordenes buscando la aceptación y reconocimiento a mi fuerza física, espiritual, pero sin darme cuenta del desgate al que me someto solo por el simple hecho de ocupar mi mente con ella, su mantenimiento, el pago de los servicios, entre otros además del hecho de tener que asegurarme con rejas, portones, candados para sentirme seguro ante las amenazas que puedan venir de afuera porque vivimos en un mundo inseguro, lo hemos hecho inseguro. Se tiene así una casa, pero no libertad.

Le tenemos miedo a la vida, desde que nacemos nos enseñan a hacerlo, nos dicen "no hagas eso", "no te bañes en la lluvia porque te refrías", "no corras porque te caes", "no rías tan alto porque es de mala educación", etcétera, etcétera, y morimos lentamente sin haber descubierto el maravilloso mundo donde estamos. Nos cuesta bajarnos de nuestros vehículos, detestamos cuando hace calor, sol, lluvia, frio, en fin detestamos que la naturaleza se exprese y sea superior a nosotros, nos negamos a convivir en armonía con ella. De encontrarnos con ella, en una relación de amistad verdaderamente sentida. La culpamos por nuestras desventajas, por nuestras carencias, no nos vemos parte de ella y con ella, sino como si ella estuviera ahí para ser dominada y controlada por nosotros.

Es necesario también hacernos la pregunta ¿A que debo dedicar mi vida? A hacer dinero o, a hacer lo que considero me hace feliz, que a veces no tiene que ver con el dinero sino con aspectos espirituales sin desmedro de lo físico y de lo material, a esa configuración de la vida de una manera integral donde fluyen las energías en un encuentro armonioso, que no significa cero conflictos, porque estos siempre los habrá y de todo tipo, pero con la sabiduría de poder lidiar con ellos sin causarnos daño, sino con el mas alto sentido de empeño en su solución y de aceptación, cuando no este al alcance hacerlo.

Un Espacio para la Vida

Todos deseamos tener la casa de nuestros sueños, de acuerdo a las expectativas que poseemos, y hacemos todo lo posible por lograrlo, porque la vivienda constituye el refugio principal donde ser individuo. Además que la casa se convierte en una inversión y cada vez, es más costoso construirlas y contar con espacios para hacerlo. La obtención de una vivienda se convierte en una pesadilla sobre todo para las personas que han tenido que vivir arrimados o pagando un alquiler durante mucho tiempo. Lo que no se percibe es que cambiando el concepto que tenemos de vivienda se podrían plantear diversas estrategias para llevar a cabo con el cumplimiento de esta necesidad, si cambiamos el concepto quizás se pueda tener ese espacio necesario para la realización de la vida propia y la de nuestra familia. En este sentido, la estructura de pensamiento del cual disponemos y hemos adquirido y configurado como la única, se convierte en el primer obstáculo para que todos podamos contar con un sitio que reúna las condiciones para la realización plena y no sea vista como una mercancía mas, es decir como un espacio físico que por sus características pueda o no tener mas o menos valor.

El concepto de propiedad colida con el concepto de utilidad, ¿Qué es entonces una vivienda? Una inversión o un lugar para vivir a plenitud. No es fácil entender esto por que no existen las condiciones para que el concepto sea comprendido, no estamos aun preparados para ello, pero llegara el momento que se convierta en una realidad donde el concepto de propiedad se diluya ante el de necesidad y es a partir de aqui que podrían trabajar los gobernantes del mundo en darle un nueva dimensión filosófica a la vivienda, espacios orgánicos con la dotación de todos los servicios donde el humano encuentre su propia libertad, espacios para el ser humano en armonía con el ambiente en general, donde pueda sembrar hortalizas, legumbres sin aditamentos químicos, o que haya personas que lo hagan y vendan de alguna manera su cosecha a las personas habitantes del espacio configurado. Escuelas de creatividad donde se maneje el criterio del respeto, la solidaridad, y otros tantos valores positivos que lo hacen acercarse mas a si mismo(a) y a los demás. Centros de salud para la atención primaria y preventiva, en el sentido que se difunda conciencia de protección entre la relación ambiente/salud.

Espacios físicos abiertos donde no se es dueño del mismo, sino una especie de consignación o como una ciudad universitaria, con normas y reglamentos pero con libertad de desenvolvimiento de cada uno(a), donde la acción de uno(a) no perjudique la acción de los otros(as), una vez que se vive allí, sin coerción y con control solo reglamentado. El cual debe ser propuesto y aprobado en colectivo es decir por la comunidad que allí vive.

Al ir desapareciendo el concepto de propiedad del imaginario colectivo será posible darle paso a la solidaridad en el sentido que en vez de que la sociedad se divida en estamentos o clases por lo que se tiene, se podría tener una igualdad con respecto a las condiciones de vida, a través de una planificación y control adecuadas, para lo cual debe haber un Estado o una comunidad bien organizada.

Este espacio puede ser transferido a otras personas mediante un documento legal de que las mismas se sujeten a las normas de convivencia establecidas por todos. Este tipo de vivienda podría ayudar a una mayor conservación del planeta puesto que no se actuaria con irresponsabilidad ante el problema de los desechos sólidos, el cuidado y mantenimiento de arboles, la preservación de aire no contaminado, es decir el humano con otros humanos llevando a cabo sus propios proyectos de vida. No se construiría en lugares donde no existen condiciones geológicas adecuadas.

La construcción de estos espacios se llevaría a cabo por empresas constructoras mediante licitación, con la supervisión del colectivo que va a vivir allí.

El concepto pasa a ser entonces más dinámico y adecuado a la situación de estos tiempos donde el uso intensivo y extensivo de los recursos ha dado pie para su rápido agotamiento y por ende encarecimiento.

Debemos cambiar nuestros conceptos y maneras de interpretar el mundo sino llegará un momento que no habrá mas posibilidades de que la vida de todos se lleve a cabo en paz, armonía y equilibrio surgiendo con ello nuevos conflictos mas guerras por el control de los recursos, mas divisiones que nos dejaran atrapados o entrampados en nuestra propia realidad.

¿O Tendremos que seguir viviendo en este mundo en decadencia, donde ya no parece haber sentido de las cosas, de las personas o de los otros(as), en una confusión enorme sin saber como resolverla?

DIPM.

Maracaibo,

Venezuela 2011

Un Mundo Creado

Un Mundo Vivido

Un Mundo Necesario

Diana Isabel

Pérez Montiel

Windmills International Editions Inc.

California - USA – 2012

www.ingramcontent.com/pod-product-compliance
Lightning Source LLC
Chambersburg PA
CBHW022101170526
45157CB00004B/1437